AI로봇과 범죄

송기복 저

박영사

서 문

인공지능(AI) 기술의 비약적인 발전으로 고지능형 AI로봇이 상
용화되어 사회의 다양한 분야로 광범위하게 확대되고 있다. 또한 자
율주행자동차와 수술용 AI로봇 등의 보급으로 인간의 삶은 더 편리
해지고 있다. 그러나 다른 한편으로는 인간의 능력을 뛰어넘는 자율
적인 AI로봇이 인간의 일자리를 대체하게 되고 더 고도화된 킬러로
봇 등이 등장하게 되면 인간의 삶 자체가 위협받고 위험에 빠질 수
있다는 두려움도 있다.

인공지능(AI) 기술의 급속한 발전으로 기대감과 두려움이 공존하
고 있는 가운데 각국에서는 인공지능(AI) 기술의 연구개발에 더욱 몰
두하고 있고, 정책적으로 그것을 육성하고 있다.

인공지능(AI) 기술이 발전하는 만큼 오작동의 경우나 고성능의
자율형 AI로봇에 의한 범죄 등으로 법익이 침해되는 경우 지금까지
형사사법에서 예상하지 못했던 새로운 문제가 발생한다. 즉 AI로봇의
자율적인 행동에 대한 책임을 누구에게 귀속시킬 것인지는 현행 형사
법으로 해결하는 것이 사실상 불가능하다. AI로봇이 새로운 범죄의
주인공으로 등장하는 시대가 다가오고 있지만, 현행 형법의 틀 안에
서는 AI로봇에 대한 '범죄주체성'을 인정하기가 어려운 실정이다.

이에 저자는 첫째, 법적인격의 확장이나 트랜스휴머니즘적 접근
등 다양한 관점에서 자율형 AI로봇의 법적인격을 인정하는 방법을 제

시하였다. 이로써 자율형 AI로봇의 범죄주체성을 인정할 수 있는 토대가 마련되고, 나아가 AI로봇의 행위능력과 책임능력도 인정할 수 있게 된다.

둘째, 자율형 AI로봇이 머지않은 미래에 초래할 위험에 대비하는 방법론을 단계별로 제시하였다. 우선적인 규제의 방법으로는 사회적 합의를 통한 '윤리적 규제'를 주장하였다. 주요 국가에서 제정하여 운영하는 '윤리적 규제 헌장' 또는 '연구윤리위원회 규범' 등을 참조하여 AI로봇의 설계자와 이용자의 자격 요건을 규정하고 사회적 합의에 의한 '연구윤리위원회'의 구성을 제안하였다.

셋째, 현행 형사사법 제도와 시스템이 특히 자율형 AI로봇의 행동을 규율하고 사회의 안전을 확보하는데 적합한지에 대한 유효성을 검토하였고, 향후 개선 과제와 입법 방향에 대한 의견도 제시하였다. 또한 주요 국가의 인공지능(AI) 정책과 연구개발의 현황, 법정책의 방향 등을 검토하여 우리나라의 법제도에 도입할 가능성 등을 살펴보았다.

나아가 법제도의 개선이나 입법 방향과 관련하여 AI로봇에 대한 일관성 있는 법적 규제와 정책을 추진하기 위하여 통일된 기본법이 필요하다. 거시적인 관점에서는 소위 AI로봇법 총론을 제정하고, 미시적인 관점에서 AI로봇법 각론을 두는 방식의 입법 방향을 제시하였다. 또한 범죄의 발생 이전 단계에서 예방기능을 강화하여 국가기관의 개입을 허용하는 예방적 사법으로서의 법적 규제와 사회 안전을 확보하기 위한 다양한 법적 규제 등에 대한 의견도 제시하였다.

마지막으로 인공지능(AI) 기술발전의 성과를 형사법 분야에서 활용할 수 있는 방법에 대한 의견도 제시하였다. 수사단계에서는 범죄자 프로파일링, 체포·구속 등에 활용, 재판단계에서는 양형과 재범의 예측 등에서, 교정단계에서는 가석방이나 보석 심사 등에 효과적으로 적용할 수 있다고 생각한다.

본 서는 저자의 박사학위 논문인 "AI로봇의 범죄주체성과 법제도적 대응방안에 관한 연구"를 수정·보완한 것으로 향후 좀더 발전적인 연구를 하고자 한다.

마지막으로 저자의 학문적 연구와 서적의 출간에 도움을 주신 용인대학교 박윤규 전 부총장님을 비롯한 은사님들과 선후배님, 그리고 본 서의 출판에 적극적인 지원과 아낌없는 응원을 주신 박영사 손준호 과장님께 감사드린다.

2021년 10월
저자 송기복

차 례

제1장
로봇과 인공지능(AI)

제2장
인공지능(AI)과 미래

제3장

AI로봇의 범죄와 형사책임

제4장

AI로봇과 형사사법

제1장

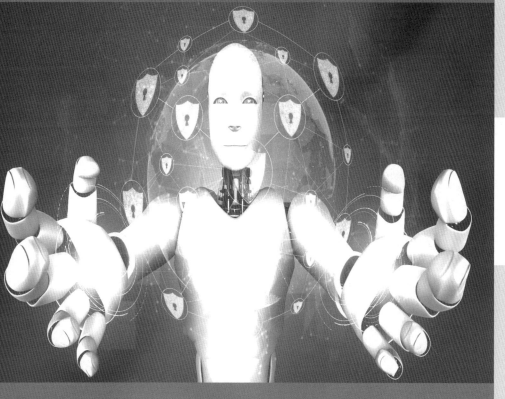

로봇과 인공지능(AI)

제1장 로봇과 인공지능(AI)

제1절 │ 로 봇

1. 로봇의 정의

(1) 로봇의 어원

1) 로봇의 어원

우리가 흔히 사용하는 로봇(Robot)이라는 용어는 '로보타(Robota)' 에서 그 어원을 찾을 수 있다. 체코의 극작가인 카렐 차페크(Karel Čapek)가 1918년에 발표한 소설에서 노동력으로 휴머노이드(Humanoid) 를 대량 생산하는 '영국인 로숨(Rossum)의 이야기'[1]를 썼는데, 그 이

---

[1] Lolita K. Buckner Inniss, Bicentennial Man – The New Millennium Assimilationism and the Foreigner among Us, 54 RUTGERS L. REV. 1101. 1105 n.31, 2002.

후 희곡화한 1921년 로슴의 유니버설 로봇(Rossum's Universal Robots)에서 '로보타(Robota)'라는 용어를 사용하였다.

2) 로봇의 유의어

로봇(Robot)의 유의어에는 자동인형, 안드로이드(Android), 휴머노이드(Humanoid) 그리고 사이보그(Cyborg) 등이 있다. 자동인형은 사람을 흉내 내는 인형을 말한다. '안드로이드(Android)'는 인간은 아니지만 인간의 모습을 모방한 것이다. 안드로이드(Android)는 공상과학 영화의 기원이 된 1886년 프랑스의 작가 빌리에 드 릴아당(Villiers de l'Isle-Adam)의 소설 "미래의 이브"에서 처음 등장하였다.[2] 그리고 인간의 지능과 행동·감각·상호작용이 가능하고 인간과 유사한 형태를 지닌 것이 '휴머노이드(Humanoid)'이다.[3] '사이보그(Cyborg)'는 인간의 기능을 기계 등과 결합하여 확장한 존재라는 의미로 사용되는 용어이다.[4]

(2) 로봇의 정의

로봇(Robot)은 과학기술, 산업구조, 사회제도, 문화 등과 함께 시대에 따라 변화하며 로봇(Robot)의 역할은 사회에서 수용하는 방법에 따라 마찬가지로 변화한다. 그리고 '정의'는 어떤 용도를 전제하고 있는데 로봇(Robot)이 과거 단순한 작업을 수행하는 로봇(Robot)에서 스스로 외부환경을 인식·판단하는 지능형 로봇(Robot)으로 진화하고 있

---

2) 이윤영, "빌리에 드 릴아당의 「미래의 이브」와 영화적 환영의 존재론", 프랑스문화예술연구 제62집, 프랑스문화예술학회, 2017, p.252.
3) 정상원, "국내의 휴머노이드 로봇", 전자공학회지 제42권 제12호, 대한전자공학회, 2015, p.19.
4) 정진명·이상용, 인공지능 사회를 대비한 민사법적 과제 연구, 한국민사법학회, 2017, p.11.

다는 점에서5) 로봇(Robot)에 대한 개념 정의는 유동적이고 다양하다.

1) 기술적 관점의 로봇

기술적 관점에서 로봇(Robot)의 정의는 '제품으로써 로봇(Robot)을 생산하고 이용하기 위해 필요한 정보의 집합체'라고 할 수 있다. 시장의 측면에 중점을 두면 로봇(Robot)은 그 형상보다 수요자가 필요로 하는 기술적인 요소를 통합한 것으로 이해할 수 있다. 이러한 입장에서 로봇(Robot)은 센서(Sensor)와 지능·제어계, 구동계의 기술적인 요소를 구비한 것으로 다소 폭넓게 정의할 수 있다.6)

우리나라는 산업용 로봇(Robot)을 '3축 이상의 메니퓰레이터(액츄에이터, 교시 펜던터를 포함한 제어기 및 통신 인터페이스를 포함한다)를 구비하고 프로그램 및 자동제어가 가능한 고정식 또는 이동식 장치'라고 정의한다.7)

---

5) 김용균, The Next Big Thing, 서비스 로봇 동향과 시사점, 정보통신기술진흥센터, 2017, p.4.
6) 日本 ロボット政策研究會, ロボットで拓くビジネスフロンティア, ロボット政策研究會中間報告書, 2005, p.5.
7) 「위험기계·기구자율안전확인고시」 제6조(정의) 이 장에서 사용하는 용어의 뜻은 다음과 같다.
   1. "산업용 로봇(이하 "로봇"이라 한다)"이란 산업자동화 응용을 위한 자동제어와 프로그램이 가능한 3축 이상 메니퓰레이터를 구비하고 고정 또는 이동이 가능한 로봇을 말하며, 주요 구조부는 다음 각 목과 같다.
     가. 메니퓰레이터
     나. 전기, 유압 및 공압 동력 공급설비(power unit)
     다. 본체 회전용 구동부
   2. "로봇 시스템"이란 로봇, 말단장치 및 작업수행에 필요한 센서 등으로 구성된 시스템을 말한다.
   3. "로봇 작동기(robot actuator)"란 전기, 유압 및 공압 에너지를 이용하여 로봇이 유효한 동작을 할 수 있도록 하는 장치를 말한다.
   4. "작동제어(actuating control)"란 로봇이 정해진 동작을 수행할 수 있도록 조작하는데 필요한 장치를 말한다.
   5. "협동운전"이란 사람과 공동작업을 수행할 수 있도록 설계된 로봇이 정해진 구역 내에서 사람과 함께 협동하여 작업을 수행하는 상태를 말한다.

2) 학술적 관점의 로봇

학술적 관점에서는 로봇(Robot)에 대한 적절한 연구 분야를 설정하고 상호 의견교환을 위한 것이 주된 목적이라 할 수 있다. 그러나 학자들에게서 로봇(Robot)에 대한 일반적인 개념 내지 통일된 정의를 찾아보기가 어렵다. 그리고 로봇(Robot)에 대한 자동성·정보성·기계성·단순성 등을 바탕으로 인간의 이미지와 단절된 기존 방식의 정의로는 새로운 로봇(Robot)의 연구개발이나 로봇(Robot)기술의 응용, 로봇(Robot)을 이용한 인간사회의 미래상 등에 대한 전망이 충분하지 못하다.

3) 다양한 관점의 조화

기술적 관점과 학술적 관점을 종합적으로 고려한다면 로봇(Robot)에 대한 정의는 인간과 비슷한 행동을 하는 기계,[8] <감지·인식> + <생각·판단> + <행동의 순환(Sense－Think－Act Cycle)>을 갖춘 기계(인조물)라고 정의해야 할 것이다.[9] 즉 로봇(Robot)이 ① 센서(Sensor)를 통해서 환경 정보를 취득하고(Sense), 이를 바탕으로 ② 인간의 판단을 거치지 않고 부여된 목적을 달성하는 방법을 선택·판

---

6. "말단장치(end－effector)"란 로봇이 작업하는데 필요한 그리퍼(gripper), 용접건, 스프레이건 등의 장치를 말한다.
7. "펜던트(pendant) 및 교시 펜던트(teaching pendant)"란 로봇 동작에 필요한 프로그램을 입력하는 휴대형 장치를 말한다.
8) 박광민·백민제, "인공지능 로봇의 범죄주체성과 형사책임의 귀속", 법학연구 제20권 제4호, 인하대학교 법학연구소, 2017, p.157.
9) David C. Vladeck. Essay. Machines without Principals; Liability Rules and Artificial Intelligence. 89 WASH. L. REV. 117. 122 & n.17, 2014; Dan Terzian. The Right Bear(Robotic) Arms, 117 PENN. ST. L. REV. 755, 2013, pp.759－760; Christopher P. Toscano. Note. "Friend of Humans"; An Argument for Developing Autonomous Weapons Systems. 8. J. NAT'L SECURITY L. & POL'y 189, 2015, p.215.

단하고(Think), ③ 인간의 명령 없이 스스로 행동(Act)하는 것이다.[10]

여기에서 말하는 판단(Think)이란 센서(Sensor) 등으로부터 취득한 정보를 인간의 판단 없이 처리할 수 있다는 의미이다. 나아가 생각·판단(Think)의 요소가 로봇(Robot)의 정의에서는 중요한 의미를 가지므로 생각·판단의 요소를 충족시킬 수 없는 기계는 로봇(Robot)이 아니라는 해석도 가능하다.

2. 로봇의 특징

(1) 센서에 의한 감지와 인식

로봇(Robot)의 고도화된 센서(Sensor)는 강력한 감시 능력을 갖춘 도구가 된다. 고도화된 센서(Sensor)를 장착한 무인항공기나 자율주행 자동차는 비행이나 주행을 하면서 건물 내·외부의 모습을 높은 해상력으로 파악할 수 있다. 더욱이 고성능 광학 카메라가 장착된 드론(Drone)으로 개인의 얼굴, 목소리 등을 수집하고,[11] 벌레형 로봇(Robot)으로 옥내·외 모습을 촬영하여 전송할 수 있다.[12]

고도화된 센서(Sensor)에 의한 감지·인식 능력에 대한 평가는 이미 큰 이슈가 되고 있다.[13] 게다가 미국 등이 개발하고 있는[14] 자율

---

10) Ryan Calo. Robotics and the Lessons of Cyberlaw. 103 CAI. L. REV. 513. 529 & n. 113, 2015.
11) 김선이, "무인항공기의 사생활 침해에 관한 법적 고찰", 동아법학 제65호, 동아대학교 법학연구소, 2014, p.271.
12) 박종원·유재영·이준영, 2014 KISTI 미래유망기술 10선: 생체모방로봇, 한국과학기술정보연구원, 2015, pp.57-58.
13) 김자회·장신·주성구, "자율 로봇의 잠재적 무기화에 대한 소고-개념 정립을 통한 규제를 중심으로-", 입법과 정책 제9권 제3호, 국회입법조사처, 2017, p.140.
14) Lan Kerr & Katie Szilagyi. 13. Asleep at the Switch? How Killer Robots

형 무기시스템(Autonomous Weapon Systems)15)에 대해 인권단체들은 아무런 책임을 지지 않는 살인 로봇(Killer Robots)이라고 비판하면서, 비인도적인 개발과 사용이라는 이유로 반대하고 있다.16)17)

이를테면 민간인과 적의 구별이 어려운 게릴라 형태의 도심 시가전에서 인간 병사는 민간인과 적을 구별할 수 있지만, 로봇(Robot) 무기는 이를 구별하지 못해 민간인의 희생이 증가할 수 있다는 주장이 대표적이다.18)

이와는 반대로 로봇(Robot) 무기의 도입을 지지하는 입장에서는 고도화된 센서(Sensor)를 장착한 로봇(Robot)은 인간보다 우월한 인지능력을 바탕으로 민간인과 적을 더 잘 구별할 수 있기 때문에 오히려 민간인의 희생을 줄일 수 있다고 주장한다.19)

이와 같이 고도화된 센서(Sensor)를 통한 감지·인식 논란은 센서(Sensor)의 능력이 어디까지 발전할 수 있는지, 그리고 이를 어떤 방식으로 활용할지에 따라 평가가 달라진다.

Become a Force Multiplier of Military Necessity. in ROBOT LAW 333. 334. 363(Ryan Calo. A. Michael Froomlkin. & Ian Kerreds. 2016).

15) Rebecca Crootof, "The Killer Robots Are Here: Legal and Policy Implications", Cardozo Law Review, Vol. 36: 1837, 2015, p.1847.

16) https://amnesty.or.kr/27698/(2021.9.30. 최종방문).

17) Human Rights Watch, Losing Humanity: The Case against Killer Robots 2, 2012.

18) Bradan T. Thomas. Comment. Autonomous Weapon Systems: The Anatomy of Autonomy and the Legality of Lethality. 37 Hous. J. INT'L. L. 235, 2015, p.263.

19) Major Jason S. DeSon. Automating the Right Stuff? The Hidden Ramifications of Ensuring Autonomous Aerial Weapon Systems Comply with International Humanitarian Law. 72 A. F. L. REV. 85. 96, 2015, p.106; Michael N. Schmitt & Jeffrey S. Thurnher. "Out of the Loop": Autonomous Weapon Systems and the Law of Armed Conflict. 4 HARV. NAT'L SEC. J. 231, 2013, p.247; Jay Logan Rogers. Case Note. Legal judgment Day for the Rise of the Machines: A National Approach to Regulating Fully Autonomous Weapons. 56 ARIZ. L. REV. 1257, 2014, pp.1259－1260.

(2) 자율적인 생각과 판단

로봇(Robot)을 정의하는 세 가지 중에서 중요한 요소는 '자율적'으로 생각하고, 판단한다는 점이다. 로봇(Robot)이 외부의 환경에 따라 적절하게 행동하기 위해서는 스스로 판단해야 한다. 이 때문에 지금까지 인간의 판단으로 불가능했던 일도 로봇(Robot)은 수행 가능할 것이라 기대된다. 따라서 로봇(Robot)의 자율판단 메커니즘이 정교화될수록 로봇(Robot) 무기와 같은 군사부문뿐만 아니라 생활용품에 이르기까지 로봇(Robot) 영역은 계속 확대될 것이다.

한편, 인간이 어떠한 상황에 직면했을 때 최적의 판단을 내리고 반응으로 이어지기까지 일정한 시간이 필요하다. 그리고 현대의 기계장치가 갖는 빠른 속도·정확성이 담보되지도 않는다. 자동차의 운행 중에 갑자기 나타난 사람과 충돌직전의 상황을 가정해보면, 인간은 인지능력의 한계로 위험을 사전에 빠르게 인지하기도 어렵고, 설령 인지하더라도 충돌을 회피하기까지 시간이 걸린다. 또한 완벽히 피한다는 보장도 없다.

그러나 완전자율주행 단계가 실현되면, 자동차가 스스로 최적의 진로를 판단하여 장애물을 피하는 것이 물리적으로 가능해진다.

이러한 내용을 근거로 미래 자율주행자동차의 <감지·인식> + <생각·판단> + <행동> 순환이 인간보다 더 빠르고 정확하다면, 자율주행자동차에 돌발 상황에 대처해야 할 의무가 부여될 가능성이 있다. 이는 불법행위와 과실책임의 관계에서 명백한 회피 기회 원칙(The Last Clear Chance)이라는 법리와 관계된다. 명백한 회피 기회 원칙은 자동차와 보행자가 충돌 직전의 마지막 순간에 운전자가 사고를 피할 기회가 있었을 경우 과실책임을 인정할 수 있다는 법리다.[20]

---

20) 平野晋, ロボット法-AIとヒトの共生にむけて-, 弘文堂, 2017, p.60.

(3) 환경에 대한 적응성

로봇(Robot)이 변화하는 외부환경에 실시간으로 적응하는 것을 '발전적 로봇공학(Evolutionary Robotics)'이라고 한다.[21] 발전적 로봇공학(Evolutionary Robotics)은 진화 알고리즘(Algorithm)과 신경적·발달적·형태학적 시스템의 요소들로 구성된다.[22] 이를 위해서는 로봇(Robot)이 스스로 배우도록 '자가학습 프로그램(Auto Self Learning program)' 형태로 구성되어야 한다. 즉 일정한 패턴의 행동과 전략을 입력하면 나중에 로봇(Robot)이 환경에 맞추어 스스로 발전하는 방식이다.

3. 로봇의 종류

(1) 산업용 로봇(제조용)과 서비스 로봇(개인·전문)

로봇국제연맹(International Federation of Robotics)에서는 로봇(Robot)을 산업용 로봇(제조용)과 서비스 로봇(개인·전문)으로 분류하고 있다.[23] 산업용 로봇(Robot)은 이미 수많은 기업의 공장이나 현장에서 생산설비로 사용되고 있다. 그러나 산업용 로봇(Robot)은 작업현장에서 안전성을 확보하기 위하여 대부분 한정된 장소와 범위 내에서 정해진 역할을 한다.

서비스 로봇(Robot)은 경비, 복지, 오락 등 소비자의 일상생활 영

---

21) 오수훈·석진영, "진화로봇공학 기반의 복수 무인기를 이용한 영역 탐색", 한국항공우주학회지 제37권 제4호, 한국항공우주학회, 2010, p.353.
22) 장수현, 진화알고리즘을 사용한 다목적 최적화에 관한 연구, 명지대학교 대학원 박사학위논문, 2004, pp.11-12.
23) 김윤희·박준경·박형돈, 글로벌 로봇산업 시장동향 및 진출방안, Global Market Report, KOTRA, 2018, p.4

역에서 폭넓게 활용되고 있다. 서비스 로봇(Robot)은 서비스 사업에 이용되는 것과 가정 등의 장소에서 인간과 공존하며 서비스를 제공하는 것으로 나뉘어 더욱 다양하게 개발되고 있다. 개인용 서비스 로봇(Robot)은 사회적 상호작용 로봇(사회적 로봇)[24]이라고도 한다. 이러한 사회적 로봇은 서로 다른 집단이 속한 사회에서 자신의 경험과 사회적 경험을 해석하여 인간과 의사소통이 가능하고, 일반적으로 보조자와 친구 또는 애완동물 등으로 설계되고 있다.

(2) 범용형 로봇과 특화형 로봇

로봇(Robot)은 공개된 장소에서 활동하는 로봇(Robot)과 폐쇄된 공간이나 예정된 공간에서 활동하는 로봇(Robot)으로 구분할 수 있다. 전자를 자율형 로봇(Autonomous Robot)이라 하고 후자를 자동적 로봇(Automatic or Automated Robot)이라 한다.[25] 자율형 로봇(Autonomous Robot)의 전형적인 예로는 사용 목적이 다양한 범용형 로봇(General-Purpose Robots)을 들 수 있다.

이와 달리 사용 목적이 매우 한정적인 로봇(Robot)을 특화형 로봇(Expert Robots)이라 한다. 미국의 아이로봇(iRobot)사에서 출시한 청소용 로봇(Robot)인 '룸바(Roomba)'나 미국 인튜이티브 서지컬(Intuitive Surgical)사의 수술용 로봇(Robot)인 '다빈치(Da Vinci)'[26]가 여기에 해당한다. 다빈치의 경우 본격적인 로봇(Robot) 수술시대를 열며 로봇

---

24) Terrence Fong · Illah Nourbakhsh · Kerstin Dautenhahn, "A Survey of Socially Interactive Robots: Concepts, Design, and Applications", Technical Report CMU−RI−TR−02−29 (2002), 2002, pp.2−3.
25) Chris Jenks, False Rubicons, Moral Panic, & Conceptual Cul−De−Sacs: Critiquing & Reframing the Call to Ban Lethal Autonomous Weapons, 44 Pepp. L. Rev. Iss 1, 2016, p.49.
26) 이병주 · 김경훈, "수술로봇 기술동향과 산업전망", PD ISSUE REPORT NOVEMBER 2017 Vol 17−3, 한국산업기술평가관리원, 2017, p.62.

수술의 대중화와 관련 기술의 발전을 촉진했다. 이러한 로봇(Robot)
은 목적이 한정되어 있어서 능력과 위험성이 모두 한정적으로 설정
된다.

(3) 나노로봇과 네트워크화된 로봇

초소형 로봇이라는 뜻의 나노로봇(Nano Robotics)[27]은 의료분야
에서 많이 활용되고 있다. 인간의 몸속에서 병원체를 찾아내거나 상
처를 치료하는 데 이용되고 있는데[28] 앞으로는 유전자 단계에서의 치
료도 가능해질 전망이다.[29]

네트워크화된 로봇(Robot)은 복잡한 일을 수행하기 위해서 로
봇(Robot)과 네트워크가 융합되어 서로 정보를 교환하거나, 환경 및
생체 시스템과 통신하며 자율적으로 정보를 이동시킬 수 있는 시스
템 군을 말한다.[30] 대표적으로 커넥티드 카(Connected Car)를 들 수
있다.

커넥티드 카(Connected Car)는 차량 내부망(CAN)과 외부망을 연
결하는 무선 게이트웨이를 장착한 차량, 인프라와 효과적인 상호작용
을 할 수 있는 차량, 차량 내부망(CAN)과 외부망이 연결되는 차량, 인
터넷에 연결되어 외부와 정보교환을 할 수 있는 차량, 인터넷에 연결

---

27) 나노로봇은 나노기술과 로봇기술의 접합으로 등장한 극소 단위의 로봇으로 10
   억분의 1미터 단위의 크기를 가진 기계적 또는 전기·기계적 장치이다.
28) 이상훈, "혈액 속의 병원체와 독소를 제거하는 새로운 나노로봇", 기계저널 제57
   권 제11호, 대한기계학회, 2018. pp.62−63.
29) Siddharth Khanijou, Patent Inequity?: Rethinking the Application of Strict
   Liability to Patent Law in the Nanotechnology Era, 12 J. Tech. L. & Pol'y
   179, 2007, pp.183−184; James R. Brindell, Nanotechnology and the
   Dilemmas Facing Business and Government, 83 Fla. Bar J. 73, 2009, p.74;
   David S. Almeling, Note, Patenting Nanotechnology: Problems with the
   Utility Requirement, 2004 Stan. Tech. L. Rev. Pl. P17.
30) 산업자원부·정보통신부, 지능형로봇산업 비전 및 발전전략, 2005, p.1.

되는 차량 등을 말한다.31) 예를 들면, 자율주행자동차는 단독으로 움직일 뿐만 아니라 다른 자율주행자동차나 교통 인프라와 상호 통신을 통해 정체 구간을 피하면서 동시에 연비를 향상하는 등 효율적으로 운행된다. 이러한 자동차와 자동차 간의 통신을 'V2V(Vehicle to Vehicle Communications)'라 하고, 자동차와 교통 인프라, 즉 인프라스트럭처(Infrastructure) 간의 통신을 'V2I(Vehicle to Infrastructure Communications)'라 한다.32)

4. 로봇에 대한 평가

로봇(Robot)은 단순한 전자기기나 계산기로부터 신기술을 장착한 제품까지 산업분야와 일상생활에서 그 이용이 확대되고 있다. 과학기술의 발전으로 로봇(Robot)의 역할은 더욱 중요하고 많아지고 있다. 그리고 사이보그(Cyborg), 안드로이드(Android) 등과 같은 인조물이 인간을 능가할 수도 있다는 우려와 두려움은 단순히 기계적 요소와 반도체 부품으로 구성된 좁은 의미의 로봇(Robot)에만 한정되지 않는다. 로봇(Robot)은 통상적인 기계제품과 다른 특징을 지니고 있어 지금까지 우리 사회가 예상하지 못한 새로운 문제나 위험에 직면할 수 있다.

---

31) 한영순, 커넥티드 카 서비스 정보 가치네트워크와 시장 참여자 관계 연구, 연세대학교 정보대학원 박사학위 논문, 2015, pp.8-9.
32) 심현보, "커넥티드 카의 기술", 한국정보통신학회논문지 제20권 제3호, 한국정보통신학회, 2016, p.592.

1. 인공지능(AI)의 정의

인공지능(AI)의 발전과 함께 인공지능(AI)의 개념에 대해서 많은 학자가 다양하게 정의하고 있다.[33] 그 이유는 인공지능(AI)의 연구기반이 되는 분야가 워낙 다양하고 지능이나 지성 등에 대한 개념적 정의가 어려우며,[34] 현재까지도 인공지능(AI)과 관련된 연구가 계속 진행 중이기 때문이다.

일반적으로 통용되고 있는 인공지능(AI)의 정의는 다음과 같다.

(1) 우리나라

우리나라는 과학기술정보통신부에서 인공지능(AI)에 대해 인지, 학습 등 인간의 지적능력(지능)의 일부 또는 전체를 컴퓨터를 이용해 구현하는 지능이라 정의하고,[35] 한국정보통신기술협회는 인간의 인지능력(언어·음성·시각·감성 등)과 학습, 추론 등 지능을 구현하는 기술로 인공지능 SW/HW, 기초기술(뇌과학·산업 수학 등)을 포괄하는 것을 인공지능(AI)이라 정의하고 있다.[36]

---

33) 나영식·조재혁, 인공지능(SW), KISTEP 기술동향브리프 2018−16호, 한국과학기술기획평가원(KISTEP), 2018, p.3.
34) Roger C. Schank, "What is AI, Anyway?", AI Magazine Volume 8 Number 4, 1987, p.59.
35) 과학기술정보통신부, Korea 4.0 실현을 위한 인공지능(AI) R&D 전략, 2018, p.2.
36) 한국정보통신기술협회, ICT 표준화전략맵 Ver. 2019 요약보고서, 2018, p.5.

(2) 일본

일본의 인공지능학회(人工知能学会)는 인공지능(AI)을 인간의 지능을 가진 기계를 만들거나 인간이 사용하는 지능을 기계에 적용하려는 것이라 정의하고,[37] 국립정보학연구소(国立情報学研究所)는 인공지능(AI)을 인공적으로 만들어진 지능을 가진 실체 또는 그것을 만들기 위한 인공지능(AI) 자체를 연구하는 분야[38]로 정의하고 있다.[39]

(3) 미국

미국은 '2021 회계연도 국방수권법안(H.R.6395 – National Defense Authorization Act for Fiscal Year 2021)'에서 ① 예측 불가능한 상황에서 인간의 개입 없이 임무를 수행하거나 ② 경험을 통해 학습하며 데이터셋(Date Set)을 통해 그 성능을 향상하는 인공시스템, ③ 인간과 같은 인지·학습·소통·물리적 행동 등을 필요로 하는 임무를 해결하는 컴퓨터 소프트웨어·하드웨어, ④ 인지구조 및 신경망 등 인간처럼 생각하고 행동하도록 고안된 인공시스템이라 정의하고 있다.[40]

그리고 의회조사국(Congressional Research Service)의 인공지능과 국가안보(Artificial Intelligence and National Security)에서는 ① 인간처럼 생각하는 시스템(Systems That Think Like Humans: 인간의 사고와 관련된 활동, 의사결정, 문제해결, 학습과 같은 활동들의 자동화), ② 합리적으로 생각하는 시스템(Systems That Think Rationally: 인식, 이성, 행동을 가능하게 하는 계산 연구), ③ 인간처럼 행동하는 시스템(Systems That Act Like

---

37) 日本 人工知能學會 https://www.ai – gakkai.or.jp/whatsai/AIwhats.html(2021. 9.30. 최종방문).
38) 日本 國立情報學研究所 https://www.nii.ac.jp/(2021.9.30. 최종방문).
39) 日本 國立情報學研究所 https://www.nii.ac.jp/(2021.9.30. 최종방문).
40) https://www.congress.gov/bill/116th – congress/house – bill/6395.

Humans: 인간의 지능이 필요한 기능을 하는 기계를 만드는 기술), ④ 합리적으로 행동하는 시스템(Systems That Act Rationally: 지능적 행동의 자동화와 관련된 컴퓨터 과학의 한 분야)으로 정의하고 있다.[41]

(4) EU

EU에서는 인공지능(AI)을 어느 정도의 자율성을 갖고 특정한 목적 달성을 위해 환경을 분석·조치하는 지능형 기능을 갖춘 시스템이라 정의하고 있다.[42] 최근에는 인공지능(AI)에 대한 정의를 확장하여 인공지능(AI)은 목표가 주어지면 데이터를 수집하고 환경 인식, 수집된 정형 또는 비정형 데이터의 해석과 지식의 추론 또는 정보 처리 및 각종 데이터에서 도출된 목적 달성을 위한 최선의 조치를 결정함으로써 물리적 또는 디지털 차원에서 행동하는 시스템으로 정의하고 있다.[43]

2. 인공지능(AI)의 발전과정

인공지능(AI)이란 용어는 컴퓨터 과학자 존 맥카시(John McCarthy)가 1955년에 다트머스 학회에서 '인공지능(Artificial Intelligence: AI)'이

41) Congressional Research Service, Artificial Intelligence and National Security, 2020, p.3.
42) Communication From The Commission To The European Parliament, The European Council, The Council, The European Economic And Social Committee And The Committee Of The Regions Artificial Intelligence For Europe {Swd(2018) 137 Final}, European Commission, 2018.
43) High-Level Expert Group On Artificial Intelligence Set Up By The European Commission, A Definition Of AI: Main Capabilities And Disciplines, 2019, p.6.

라는 말을 처음 사용하였다. 이후 1956년 존 맥카시, 클로드 섀넌 (Claude Shannon), 마빈 민스키(Marvin Minsky), 나다니엘 로체스터 (Nathaniel Rochester) 등이 함께 참가한 '인공지능(AI)에 관한 다트머스 의 연구(A Proposal for the Dartmouth Summer Research Project on Artificial Intelligence)'[44]가 인공지능(AI) 연구의 기초가 되었다.[45] 인공 지능(AI)의 발전과정은 다음과 같다.

(1) 태동기

인공지능(AI)에 대한 기본적인 개념이 태동하고 기초적인 연구가 시작된 시기는 1950년대 후반부터 1960년대다. 이 시기에는 컴퓨터 에 의한 탐색과 추론의 방법으로 특정한 문제에 대한 답을 제시하는 수준이었다. 당시의 인공지능(AI)은 주로 미로(迷路)의 탐색이나 수학 적 정리(Theorem)를 증명하고, 단순한 가설을 세우거나 자연어를 처 리하는 정도였다. 자연어란 자연발생적으로 발달한 언어로 영어나 한 국어 같은 언어를 말하는데, 프로그래밍 언어처럼 규약된 공인어에 대비되는 개념이다.

하지만 기억용량이 작고 처리 속도가 느린 당시의 컴퓨터로는 다 양한 변수가 혼재된 현실 사회의 문제를 해결하기에는 한계가 있었 다. 결국, 인공지능(AI)에 대한 비관론이 우세하면서 연구예산 등 지 원이 축소되어 침체기를 맞게 되었다.[46]

---

44) Rajaraman. Vaidyeswaran "John McCarthy －Father of artificial intelligence－", Resonance Vol. 19 Issue 3, the Indian Academy of Sciences, 2014, p.201.
45) 野村總合研究所, ICTの進化が雇用と働き方に及ぼす影響に關する調査研究報告 書, 2016, p.14.
46) 윤지영·김한균·감동근·김성돈, 법과학을 적용한 형사사법의 선진화 방안(Ⅷ): 인공지능기술, 한국형사정책연구원, 2017, p.24.

(2) 성장기

1980년대부터는 컴퓨터의 추론능력 향상에 힘입어 컴퓨터가 다양한 정보를 인식하고 기술하는 도구(Tool)로 활용되면서, 당시 인공지능(AI)은 실용화가 가능한 수준에 이르렀다. 전문가의 지식, 경험 등 전문지식을 기억시켜 문제가 발생했을 경우 저장된 내용을 활용하여 여러 가지 추론이 가능한 엑스퍼트 시스템(Expert System)도 생겨났다.

또한 인공지능(AI) 비즈니스모델이 만들어지면서 기계학습(Machine Learning)에 대한 연구가 본격화되었다. 특히, 유전 알고리즘(Algorithm) 등 생물학적 진화를 모방한 기법이 소개되었고, 인간과 유사한 추론을 하기 위해 포괄적인 용어(Comprehensive Ontology)와 일상의 상식을 데이터베이스로 만드는 인공지능(AI) 프로젝트가 진행되었다.[47] 이것을 바탕으로 전자 백과사전을 실현함으로써 컴퓨터에 인류의 지식정보를 담으려는 시도에 대한 기대감이 높아졌다.

이러한 연구의 배경에는 집적회로의 고밀도화에 의한 기억능력의 향상이라는 하드웨어상의 진보와 함께 지식 정보처리의 정교화라는 소프트웨어상의 발전이 있었다. 그러나 필요한 모든 정보를 컴퓨터가 이해하기 위해서는 정형화된 형식으로 정보를 입력해야 하는 제약으로 실제로 활용이 가능한 지식의 양은 특정한 정보의 영역으로 한정되었다.

특히, 엑스퍼트 시스템을 활용한 감염성 혈액진단시스템(MYCIN)의 경우, 의사 못지않은 정밀도[48]를 보였음에도 오진의 책임에 대한

---

47) http://www.aistudy.co.kr/demo/CYC.htm(2021.9.30. 최종방문).
48) Edited by Bruce G. Buchanan and Edward H. Shortliffe, Rule-Based Expert Systems: The MYCIN Experiments of the Stanford Heuristic Programming Project, Addison-Wesley, 1984, pp.3-5.

우려와 과다한 유지보수 비용, 지식의 수집과 축적 등에 어려움이 있었다. 이러한 이유로 또다시 침체기를 맞이하게 되었다.

(3) 전성기

인공지능(AI)의 전성기는 2000년대부터 현재까지 계속되고 있다. 특히 '빅데이터(Big Data)'라고 하는 대량의 데이터를 기반으로 인공지능(AI)이 스스로 지식을 학습하는 기계학습(Machine Learning)이 실용화되었다.[49]

빅데이터(Big Data)는 디지털화로 수용 능력이 급속히 향상되는 다량성의 특징과 함께 문자, 음성, 음악, 동영상 등 비정형 데이터의 다양성, 주가, 교통 상황, 기상 상황과 같은 시시각각으로 변하는 정보들이 수집되고 처리된다는 고속성의 특징을 가지고 있다.

기계학습(Machine Learning)은 일반적으로는 수학적 귀납법의 원리로 알고리즘(Algorithm)을 사용하여 수집한 데이터 중에서 추론하는 시스템을 연구하는 컴퓨터 과학의 한 분야이다. 예를 들면, 대상자의 주소 이력을 분석한 것만으로 그 사람의 성별, 미혼·기혼의 구별, 직업 및 연령을 추측할 수도 있다.[50]

인공지능(AI)이 기계학습(Machine Learning)을 통해 학습하는 방법은 크게 세 가지다. 입력값을 출력하여 정답 자료를 모으는 교사 있는 학습과 예측 가능한 문제들을 과거 사례를 통해 자료를 획득하는 교

---

49) 김인중, "Deep Learning: 기계학습의 새로운 트렌드", 한국정보통신학회지 제31권 제11호, 한국통신학회, 2014, p.52.
50) Steven M. Bellovin · Renée M. Hutchins · Tony Jebara · Sebastian Zimmeck, When Enough is Enough: Location Tracking, Mosaic Theory, and Machine Learning, New York University Journal of Law & Liberty Vol. 8: 555, 2014, pp.558－559; David Allen Larson, Artificial Intelligence: Robots, Avatars, and the Demise of the Human Mediator, 25 Ohio State Journal on Dispute Resolution 105, 2010, p.144.

사 없는 학습, 그리고 정답 데이터가 없는 상태에서 시행착오(Trail and Error)를 통해 훈련함으로써 학습하는 강화학습(Reinforcement Learning)이다. 강화학습(Reinforcement Learning)의 대표적인 예로, 기보(棋譜)를 배우지 않고 자기 대전을 통해 강해진 알파고(Alpha Go)나 알파고 제로(Alpha Go Zero)가 있다.

이러한 강화학습(Reinforcement Learning)은 뉴럴 네트워크(Neural Network)를 바탕으로 이루어진다. 뉴럴 네트워크(Neural Network)는 사람의 두뇌·신경적 상호접속을 모방하여 구현되었으며, 보다 유연하고 높은 적응성을 특징으로 하는 지적시스템이다.[51] 뉴럴 네트워크(Neural Network)는 엄격하게 프로그램화된 통상의 컴퓨터와는 달리 시행착오(Trial and Error)를 되풀이해서 학습한다. 통상의 컴퓨터보다 일정한 과제를 효율적이고 신속하게 다룰 수 있으며, 광학패턴인식이나 음성인식에 최적화되어 있다. 따라서 뉴럴 네크워크(Neural Network)는 복잡한 교통환경에서 최적의 결정을 내리는 데 활용되며 자율주행자동차 개발의 핵심적인 역할을 수행하고 있다.

그리고 딥러닝(Deep Learning) 기술이 등장한 후 화상인식이나 음성인식 등 컴퓨터가 스스로 특징을 설계해 내는 것이 가능해졌다. 이러한 학습이 가능한 딥러닝(Deep Learning) 기술은 인공지능(AI) 전성기의 기반 내지 배경이 되었다.

(4) 인공지능(AI) 발전과 평가

과거에는 인공지능(AI)에 대한 사회적 기대수준에 비해 인공지능(AI)이 구현할 수 있는 기술수준이 매우 낮았다. 현재에도 인공지능(AI)의 기술개발과 실용화가 성공했을 때의 잠재적인 가능성과 실현

---

51) Noah Goodall, Ethical Decision Making during Automated Vehicle Crashes, 2424 Transportation Research Record 58, 2014, pp.62-63.

가능성 사이에 여전히 큰 차이가 존재한다.

20세기 중반 이래 짧은 역사를 통해서 알 수 있듯이 인공지능 (AI)은 단순한 유행의 반복이 아니라, 계속되는 연구개발로 기술적 장애를 극복하며 발전해 왔다. 현재는 빅데이터(Big Data)와 딥러닝(Deep Learning)에 대한 연구자들의 경쟁적 개발 속에서 많은 기술적 난제들이 점차 극복되고 있으며, 이 같은 추세 속에서 인류는 앞으로도 새로운 인공지능(AI) 기술을 지속적으로 개발할 것이다.

인공지능(AI)의 상용화를 위한 노력이 활발해질수록 인공지능(AI)이 사회에 미치는 영향도 더욱 커지게 되고, 잠재적인 가능성과 실현 가능성의 차이도 해소될 전망이다.

3. 인공지능(AI)의 종류

(1) 기능적 발전 단계에 따른 분류

인공지능(AI)의 기능적 발전 단계에 따라 세탁물의 무게로 세탁시간을 조정하거나 온도가 상승하면 스위치가 작동되고, 온도가 내려가면 스위치가 꺼지는 형태와 같은 단순제어 단계(제1단계), 탐색이나 추론의 방법으로 장기나 바둑에서 정해진 규칙에 따라 방법을 찾고 다양한 대응 패턴을 사용하는 단계(제2단계), 기계학습을 바탕으로 장기나 바둑에서 대국 패턴을 스스로 학습하는 대응 패턴 자동학습 단계(제3단계), 마지막으로 딥러닝(Deep Learning)의 일종인 표현학습을 바탕으로 인간의 인지기능을 기계에서 실현하는 패턴을 학습하여 스스로 활용하는 단계(제4단계)로 분류한다.[52]

---

52) 平野晋, ロボット法−AIとヒトの共生にむけて−, 弘文堂, 2017, pp.96−97.

(2) 기능적 수준에 따른 분류

1) 약인공지능(Weak AI)과 강인공지능(Strong AI)

철학자 존 설(John Searle)은 '약인공지능(Weak AI)'을 프레임(Frame)의 범위 내에서 생각하는 것은 가능하지만 의식과 사고가 없는 인공지능(AI)이라 정의하는 반면에 정확한 입력과 출력을 갖춘 적절한 프로그램이 구동되며 문제를 진정으로 이해할 수 있고 인간처럼 의식 · 사고를 갖는 인공지능(AI)을 '강인공지능(Strong AI)'으로 분류하였다.53)

약인공지능(Weak AI)은 인간의 지능적 행동 시뮬레이션과 관련된 인식적 문제에 초점을 맞추지만, 강인공지능(Strong AI)은 정신의 모든 인과적 힘을 가진 계산시스템을 설계할 때 온톨로지(Ontology)에 초점을 맞춘다.54) 강인공지능(Strong AI)은 범용 인공지능(AI)으로 불리고,55) 범용 인공지능(AI)은 다양한 목표를 달성하기 위해 능동적으로 해결책을 찾는 시스템이다.56)

여기에서 강약이란 물리적인 강약을 의미하는 것은 아니다. 강인공지능(Strong AI)은 프로그램된 컴퓨터가 인지능력을 가지고 스스로 인간처럼 생각하고(인식 · 이해), 인간과 같은 가치 판단을 실행할 수 있다. 이에 따라 인공지능(AI)의 연구를 두 가지의 패러다임으로 분류한다면 하나는 강인공지능(Strong AI)을 실현하는 것을 목표로 하고, 다른 하나는 다양한 현실의 요구를 충족시키기 위해 진보된 약인공지

---

53) S. John, "Minds, brains, and programs," Behavioral and Brain Sciences, vol. 3, no. 3, 1980, p.417.
54) J. M. Bishop, "Artificial intelligence is stupid and causal reasoning will not fix it," Frontiers in Psychology, vol. 11, 2021, pp.1-18.
55) 한희원, 인공지능(AI)법과 공존윤리, 박영사, 2018, p.304.
56) 추형석, 범용 인공지능의 개념과 연구 현황, SPRi 이슈리포트 제2018-002호, 소프트웨어정책연구소, 2018, p.4.

능(Weak AI) 시스템을 만드는 것이다.[57]

2) 인공초지능(Artificial Super Intelligence)

철학자 닉 보스트롬(Nick Bostrom)은 Oxford University Press 기고문에서 초지능(Super Intelligence)을 '모든 영역에서 인간의 인지능력을 크게 능가하는 모든 지능'이라고 정의하였다.[58] 인공초지능(Artificial Super Intelligence)은 창의성에서 일반적인 지혜, 문제 해결에 이르기까지 모든 측면에서 인간의 지능을 능가한다고 보고 있다.

(3) 윤리적 상호작용에 따른 분류

철학자 무어(J.H. Moor)는 인공지능(AI)의 분류를 윤리적 작용에 따라 윤리적 영향 행위자(Ethical Impact Agents), 암시적 윤리 행위자(Implicit Ethical Agents), 명시적 윤리 행위자(Explicit Ethical Agents), 완전 윤리 행위자(Full Ethical Agents)로 구분하고 있다.[59]

윤리적 영향 행위자는 다른 부도덕한 상황을 피할 수 있도록 돕는 기계이다. 낙타 기수로 노예생활을 하는 어린아이를 대신하기 위한 로봇(Robot) 낙타 기수를 개발하여 어린아이들을 노예 노동으로부터 해방시키는 경우를 예로 들 수 있다. 이렇듯 부도덕한 상황을 피할수 있도록 기계가 윤리적 영향을 미치게 된다.

암시적 윤리 행위자는 윤리적인 행동을 암시적으로 지원하는 소프트웨어에 따라 윤리적으로 행동하거나 비도덕적인 행동을 피하려고

---

57) "Weak AI" is Likely to Never Become "Strong AI", So What is its Greatest Value for us? B Liu-arXive-prints, 2021-ui.adsabs.harvard.edu.

58) Bostrom, N., Superintelligence: Paths, dangers, strategies, Oxford University Press: Oxford, 2014.

59) J. H. Moor, "The Nature, Importance, and Difficulty of Machine Ethics", in IEEE Intelligent Systems, vol. 21, no. 4, 2006, pp.18-21(doi: 10.1109/MIS. 2006.80).

기계의 행동을 제약한다. 예를 들면, 의약품 데이터베이스의 알고리즘 (Algorithm)은 의사와 약사의 법적, 윤리적 의무를 책임감 있게 수행할 수 있도록 지원한다. 이럴 때 알고리즘(Algorithm)은 프로그램 설계자가 제시하는 윤리적 결과를 암시적으로 촉진한다.

명시적 윤리 행위자는 학습 알고리즘(Algorithm)을 사용하여 예측할 수 없는 사건과 관련된 문제를 해결하기 위해 실제로 윤리적 원칙을 사용한다. 예를 들면, 누군가는 죽고 누군가는 살려야 하는 경우와 같이 복잡하고 빠른 결정이 필요한 문제에서 알고리즘(Algorithm)은 인간보다 더 유능할 수 있다. 알고리즘(Algorithm)의 의사결정이 인간의 의사결정보다 더 많은 생명을 구할 수 있다면 알고리즘(Algorithm)이 결정을 내리도록 하는 것이다

완전 윤리 행위자는 명백한 윤리적 판단을 내릴 수 있으며 그러한 판단은 합리적인 결과로 정당화된다. 이는 평균적인 일반인과 같이 의식과 의도성, 자유의사를 가진다.

4. 인공지능(AI)에 대한 평가

법제도적으로 인공지능(AI)에 대한 정의는 다양하다. 그러나 인공지능(AI)을 '인간과 같이 생각하는 컴퓨터'라는 개념으로 이해한다면 그러한 인공지능(AI)은 우리 사회에서 아직은 실현되고 있지 않다.

현재의 인공지능(AI)에 대한 연구는 인공지능(AI) 자체의 실현을 대상으로 하는 것이 아니라, 장차 연구가 완성된 이후의 최종적인 미래를 목표로 눈에 보이지 않는 활동을 대상으로 하고 있다. 따라서 현재로서 인공지능(AI)이란 '지적인 기계', 특히 지적인 컴퓨터 프로그램을 생산하는 과학과 기술의 집적이라고 할 수 있다.

2016년 구글(Google)의 알파고(Alpha Go)는 프로 바둑기사인 이

세돌과의 5국에 걸친 대결에서 4승 1패로 승리를 거두어 세계적으로 큰 이슈가 되었다. 그 후 구글(Google)은 알파고 제로(Alpha Go Zero)라는 새로운 버전을 만들었다.[60] 장기에서도 컴퓨터 소프트웨어인 포난자(Ponanza)가 일본의 덴노센(電王戰)과의 대국에서 승리하였고, 체스에서는 아이비엠(IBM)의 딥블루(Deep-Blue) 시스템이 체스 챔피언인 게리 카스파로프(Garry Kasparov)와의 경기에서 승리하였다. 이러한 장기나 체스와는 달리 대국의 패턴 수가 더 넓고 많은 바둑에서는 인공지능(AI)이 인간의 능력을 앞지르기까지 다소 시간이 걸릴 것으로 예상했다.

그러나 알파고(Alpha Go)의 승리는 인공지능(AI)이 급속하게 발전하고 있다는 사실을 보여준 사건이었다. 그리고 알파고(Alpha Go)를 필두로 다양한 인공지능(AI)이 등장하고 있다. 마이크로소프트(Microsoft)사의 기계번역 시스템은 인간 수준의 자연어 처리능력과 정확성을 보여주고 있다.[61] 또한 인터넷의 검색엔진이나 애플(Apple)사의 음성응답 애플리케이션인 시리(Siri),[62] 구글(Google)사의 음성 검색이나 음성 입력기능, 소프트뱅크(Soft Bank)사의 지식을 공유하고 감정을 인식하는 페퍼(Pepper)[63]와 같은 인공지능(AI)을 장착한 인형로봇도 빠르게 실용화되고 있다.

이와 같이 실용화 단계에 있는 인공지능(AI), 특히 지능형 컴퓨터 프로그램을 생산하는 과학이나 공학은 기계적·생물학적 접근뿐만 아니라 다양한 방법으로 연구를 진행하고 있다.

60) Nature, Vol. 550, 2017, pp.336-337.
61) The AI Index 2018 Annual Report, 2018, pp.60-62.
62) https://www.apple.com/kr/siri/(2021.9.30. 최종방문).
63) https://www.softbankrobotics.com/us/pepper(2021.9.30. 최종방문).

제3 절 인공지능 로봇

1. 인공지능(AI)과 로봇의 융합

(1) 기술적 융합

로봇(Robot)을 정의하기 위한 핵심요소에는 '인간의 판단을 거치지 않고 목적을 달성하기 위한 방법을 스스로 선택·판단(Think)하는 지능 매체'가 있다. 로봇(Robot)기술의 측면에서 인공지능(AI)은 스스로 생각·판단(Think)하는 한 요소이다. 따라서 소프트웨어와 기계학습(Machine Learning)시스템으로 구성된 로봇(Robot)은 인공지능 시스템이자 동시에 구현된 인공지능(AI)의 형태이다.[64]

게다가 사물인터넷(Internet of Things)의 발전으로 클라우드(Cloud)상에 존재하는 인공지능(AI)이 정보통신기술(Information and Communication Technology)을 통해서 로봇(Robot)을 제어할 수 있다. 이렇게 로봇(Robot)과 인공지능(AI)은 밀접한 관련이 있고 정보통신기술(Information and Communication Technology)과도 상호작용을 한다. 따라서 로봇(Robot)의 행동은 디지털로 실시간 처리되고 인공지능(AI)과 인터페이스(Interface)의 발달로 복잡한 작업이나 임무도 수행할 수 있게 되었다.

그리고 인간의 시각과 청각에 대응하는 기계학습(Machine Learning)과 뉴럴 네트워크(Neural Network)의 화상인식, 영상인식, 음성인식 기능은 로봇(Robot)의 두뇌 역할을 수행한다. 로봇(Robot)과 인공지능(AI)은 서로 구성과 기능이 다르지만, 인공지능(AI)이 장착됨으로써 로

---

64) Horst Eidenmueller, "The Rise of Robots and the Law of Humans", Oxford Legal Studies Research Paper No. 27, 2017, p.4.

봇(Robot)이 작동되고 부여된 임무를 수행하게 된다는 점에서 매우 밀접한 관련이 있다. 결국 인간의 감정·인식·교감 등을 통한 상호작용을 필요로 하는 부분은 인공지능(AI)이고, 인간의 몸과 같이 작용하는 부분은 로봇(Robot)이라 볼 수 있다. 현재 진행 중인 인공지능(AI) 연구는 약인공지능(Weak AI)을 대상으로 하고 있으며 로봇(Robot)이 대표적인 모델이다.[65] 그럼에도 인공지능(AI)과 로봇(Robot)은 상호작용성과 불가분성으로 인하여 양자의 개념을 특별히 구별하지 않고 인공지능(AI)과 로봇(Robot), AI로봇(AI Robot), 로봇AI(Robot AI) 등으로 불린다.

(2) 법률적 융합

다른 한편으로 불법행위에 있어서 로봇(Robot)과 인공지능(AI)을 구분하여 보면, 로봇(Robot)은 유형의 물리력으로 신체적 위해나 재산상에 직접적인 손해를 줄 수 있으나, 인공지능(AI)은 그 자체로 신체나 재산에 직접적인 손해를 입히지 않기 때문에 인공지능(AI)은 고유한 민사책임에서 벗어날 수 있다.[66]

그리고 법률적 평가를 할 때 자율주행자동차 등의 물리적 실체는 인공지능(AI)을 담는 '그릇'이나, 그릇보다 그릇 안에 담겨 있는 내용물로서의 인공지능(AI)[67]이 물리적 실체보다 다양한 형태의 형법적 쟁점에 있어 중요하다.

---

65) 정진명·이상용, 인공지능 사회를 대비한 민사법적 과제 연구, 한국민사법학회, 2017, p.14.
66) 한국정보화진흥원·지능정보사회 법제도 포럼, 지능정보사회의 법제도 정립방안, 2017, pp.11-12.
67) 임석순, "형법상 인공지능의 책임귀속", 형사정책연구 제27권 제4호, 한국형사정책연구원, 2016, p.71.

2. 인공지능 로봇의 자율성과 정도

(1) 개념적 자율성

로봇(Robot)의 발전 단계를 구분하는 방법에는 '자율성'이 포함되어 있지만 자율성의 정도에는 차이가 있다. 예를 들면, 자율주행자동차는 운전의 자동화 범위·양태에 따라 레벨 0단계부터 레벨 5단계로 구분된다.[68][69] 또한 로봇(Robot) 무기도 인간의 관여도에 따라 원격조작 로봇(Robot)과 반자율 로봇(Robot), 완전자율 로봇(Robot)으로 구분된다. 이러한 자율성은 로봇(Robot)이 인간의 직접적인 개입 없이 자신의 행동을 제어할 수 있다는 의미로 쓰인다.[70] 따라서 인간에게 직접 지시·조작을 받지 않는 로봇(Robot)이 자율적 동작으로 사고가 발생할 경우, 로봇(Robot)과 이에 관계되는 인간에게 어떤 방식으로 책임을 지울 것인지의 문제가 발생한다. 이는 로봇(Robot)과 인간과의 관계를 어떻게 설정할 것인지에 따라 책임의 경중이 달라진다.

그런데 인공지능 로봇(AI Robot)은 본질적으로 인간의 명령을 기다리지 않고 스스로 판단하여 행동하는 자율성을 가지므로 완전자율(완전 자동화) 단계에서 인간은 인공지능 로봇(AI Robot)에 대한 제어가 불가능해지는 모순이 발생한다.

따라서 인공지능 로봇(AI Robot)의 연구개발에서 제어 가능성을 확보하는 것이 가능한지 아니면 기술적으로 불가능한지 등에 대한 논

---

68) SAE International J3016, "Taxonomy and Definitions for Terms Related to Driving Automation Systems for On-Road Motor Vehicle", 2016.
69) 김경석, 자율주행자동차의 운행에 관한 법적 대응방안 연구, 홍익대학교 일반대학원 박사학위논문, 2018, pp.7-8.
70) Ugo Pagallo, The Laws of Robots: Crimes, Contracts, and Torts, Springer, 2013, p.38.

의는 인공지능 로봇(AI Robot)의 발전에 중요한 과제가 된다.

(2) 기술적·경험적 자율성

1) IEEE의 인공지능(AI) 윤리에 관한 보고서

인공지능(AI)은 일반적으로 지적인 동시에 자율적인 존재로 인식되고 있다. IEEE(Institute of Electrical and Electronics Engineers)의 인공지능(AI) 윤리에 관한 보고서(「윤리적으로 조화를 이룬 설계」)에서는 인공지능(AI)에 상당하는 개념으로서 '자율적 및 지적인 시스템(Autonomous and Intelligent Systems(A/IS))'이라고 하는 개념을 사용하고 있다.[71]

인공지능(AI)이 현실 세계에서 구현된 지 얼마 되지 않았을 때는 설계자가 입력한 정보량과 프로그램에 따라 판단하는 자율성이 낮은 단계이지만, 정보량의 증가와 지속적인 학습으로 차츰 스스로 판단하게 되어 보다 높은 자율성을 획득하게 된다.[72] 따라서 인공지능(AI)의 자율성이 있느냐 없느냐 하는 이분법적 접근보다는 자율성이 낮은 단계부터 높은 단계로 이행되는 발전의 개념으로 이해하는 것이 바람직하다.

2) 인공지능(AI)의 발전 단계에서의 자율성

인공지능(AI)의 발전 단계의 네 가지 차원(Dimensions of AI Levels)에서의 자율성(Autonomy)은 다음과 같다.

우선 특정 작업을 수행하기 위해 정해진 명령을 수행하는 작업 중심의 자율성, 목표 달성을 위해 사용자에게 다양한 선택사항을 제

---

71) IEEE, Ethically Aligned Design: A Vision for Prioritizing Human Well-being with Autonomous and Intelligent Systems, First Edition (2019), 2019.

72) Stuart Russell & Peter Norvig, Artificial Intelligence: A Modern Approach, Pearson, 4th ed., 2020, p.42.

시하고 목표를 효율적으로 수행하도록 프로그램에 반영하는 목표 중심의 자율성, 사용자의 환경을 이해하고 임무 수행을 위한 방법의 예측 및 제안, 실행을 하는 임무 중심의 자율성, 마지막으로 상황 이해와 외부 지식을 활용하여 사용자의 자원과 이해관계 내에서 목적을 달성하기 위한 창의적인 접근방식을 제시하는 목적지향의 자율성으로 나눌 수 있다.73)

즉, 인공지능(AI) 연구에서도 자율은 대체로 인간 등 외부 존재의 개입으로부터 인공지능(AI)이 독립적으로 일정한 범위 내에서 스스로 판단과 행동을 할 수 있는 정도로 이해되고 있다. 그리고 외부 환경과 독립해서 판단·실행하는 능력으로서의 자율은 그 의미나 정도가 인공지능(AI) 시스템마다 조금씩 다르게 정의되고 있다. 이것은 기술적·경험적인 개념으로서 정의되기도 하고 인공지능(AI)의 발전단계에 따라 단계적·양적인 개념으로 이용되기도 하기 때문이다.

3. 인공지능(AI)로봇의 자율성 유형

(1) 자율주행자동차

인공지능(AI)을 구현한 대표적인 것으로 자율주행자동차를 들 수 있다. 그러나 자율주행자동차는 각국의 법령이나 자동차 제조사의 지침 등에서 자율주행자동차를 "Self-Driving Car", "Automated Vehicle"이라 부르기도 한다. 그리고 자율주행자동차의 운전이 '자율적', 또는 '자동화'와 호환되어 자율주행 단계를 나타내는 개념으로써 이용되는 경우도 많다.74) 또한 자율주행자동차의 '자율'은 운전의 자

---

73) 정혜정·한종우 외, "인공지능 학습 알고리즘의 동향", TTA저널 제187호, 한국 정보통신기술협회, 2020, p.57.

동화라는 의미에서 단계적 개념으로 사용되어 왔다. 그러나 국제적으로 통용되는 SAE 인터내셔널(SAE International)에서는 '자율'이라는 용어의 문제점을 지적하여 '자율'보다는 '자동화'라는 용어를 사용한다.[75]

이러한 운전자동화 시스템은 데이터의 취득·수집 및 해석 등의 중요한 기능에서 외부 환경과의 통신 및 협력에 의존하는지 여부가 애매하므로, 외부와의 통신 및 협력에 의존하는 경우는 자율적이라기보다 오히려 협조적이라고 봐야 한다. 그리고 운전자동화 기술에 적용된 자율주행시스템은 알고리즘(Algorithm)에 따라 작동하거나 사용자의 명령에 따른다.

따라서 자율주행자동차는 인공지능(AI)을 장착한 시스템의 네트워크화를 통해 상호 접속하여 연계되는 것으로 반드시 외부로부터 독립하여 의사결정할 능력과 권한을 가지고 있다고 할 수 없다. 왜냐하면 완전자율주행자동차라도 인간이 목적지로 이동하기 위한 도구일 뿐 자율주행자동차가 스스로 행선지를 결정하는 것은 아니기 때문이다.

한편, 로봇(Robot)공학 및 인공지능(AI) 연구분야에서 '자율'이라는 용어는 독립적이고 자기충족적인 의사결정을 할 수 있는 능력 및 권한을 가진 시스템을 뜻하는 것으로 오랫동안 사용되어 왔다. 그러나 시간이 지남에 따라 그 의미가 의사결정을 하는 것 뿐만 아니라 시스템이 모든 기능을 스스로 구현하게 되었고 그 결과 자동화와 유사하게 인식되고 있다.

---

74) NHTSA, Federal Automated Vehicles Policy(2016). See also, BMW, The path to autonomous driving, https://www.bmw.com/en/automotive-life/autonomous-driving. html (2021.9.30. 최종방문).

75) SAE International, Taxonomy and Definitions for Terms Related to Driving Automation Systems for On-Road Motor Vehicles 26, 2016.

(2) 자율형 로봇

인공지능(AI)이 구현된 로봇(Robot)에 있어서 인공지능(AI)과 같은 의미에서 자율 개념이 이용되는 경우가 있다. 2017년 유럽의회(European Commission)의 로봇공학(Robotics)에 대한 민사법적 규칙(Civil Law Rules on Robotics)에서는 로봇(Robot)과 관련하여 개인의 자율을 "정보의 획득과 외부의 강제 없이 로봇(Robot)과 상호 작용의 조건에 관해서 결정하는 능력"으로 정의하고 있다.[76]

그리고 로봇(Robot)의 자율은 기술적인 것으로써 "외부의 제어 또는 영향력에서 독립하고 외부에서 결정하여 실행하는 능력"으로 정의하고 있다. 이는 로봇(Robot)의 자율성 정도는 환경과의 상호 작용의 설계 방식에 따라 달라진다는 것을 의미한다.

그러나 외부 환경과의 상호작용에 따른 자율성의 구분은 로봇(Robot)의 인권을 보장하기 위해서라기보다는 기술적인 측면에서 로봇(Robot)의 자율적 판단에 기인한 배상책임을 로봇(Robot) 자체에 지우기 위해 법 기술적인 제도를 도입하여 로봇(Robot)에 대한 법인격을 부여하고자 한다는 선택 사항이다.

한편, 로봇(Robot)의 자율성이 기술적으로 로봇(Robot)의 의도에 의해 의사결정이 이루어진 것으로 오해되지 않도록 "자율"을 대신하여 "창조(Emergence)"[77]라는 개념을 사용하여 로봇(Robot)에 의한 예측 불가능한 행동의 가능성을 포함시키려는 의견도 있다.[78]

---

76) European Parliament, European Parliament resolution of 16 February 2017 with recommendations to the Commission on Civil Law Rules on Robotics (2015/2103(INL)).
77) https://plato.stanford.edu/entries/properties-emergent/#BriHis.
78) Ryan Calo, "Robotics and the Lessons of Cyberlaw", Cal. L. Rev. 103, 2015, pp.101-126.

(3) 자율형 무기

자율형 무기(Autonomous Weapon)에 있어서도 앞에서 설명한 자율의 의미처럼 인간의 개입·감독으로부터 독립적인 판단과 동작을 할 수 있는 능력을 갖춘 것으로써 자율을 단계적으로 구분한다.

예를 들어, 미국 국방성의 '자율형 무기시스템'[79]은 일단 작동되면 중간에 인간의 개입 없이도 표적을 선택하여 공격할 수 있는 무기시스템이다. 이러한 자율형 시스템은 관측(Observe)-판단(Orient)-결심(Decide)-행동(Act)의 순환에서 인간이 관여하는 정도에 따라 자율성을 파악한다.[80] 그리고 영국은 자율무기를 인간의 감독 및 통제에 의존하지 않고 많은 대안들 중에서 행동방침을 결정할 수 있다고 한다.[81]

한편, 인권단체 휴먼라이츠워치(Human Rights Watch)는 자율을 인간의 감독 없이 동작하는 기계의 능력으로 정의하고 자율의 정도에 따라 로봇 무기를 3단계로 구분한다. 그 중에서 인간의 실효적인 감독을 받지 않고 표적을 선택하여 무력을 사용하는 로봇 무기에 대해 규제할 것을 요구하고 있다.[82]

인권단체의 요구로 2017년부터 유엔의 특정 재래식 무기사용 금지조약에 따라 자율살상 무기시스템(Lethal Autonomous Weapons) 규제의 기본방향에 대해 논의가 이루어지고 있다. 이러한 논의에서 자율살상 무기시스템의 자율은 기술의 변화에 따라 자율의 이해도 변해야 하고, 하나의 무기시스템에서 기능별 다른 자율의 정도를 가질 수

---

79) US Department of Defense, Directive No. 3000. 09: Autonomy in Weapon Systems, 2012.
80) 김상배, "미래전의 진화와 국제정치의 변환: 자율무기체계의 복합지정학", 국방연구 제62권 제3호, 국방대학교 국가안전보장문제연구소, 2019, p.97.
81) UK, Ministry of Defence. Joint Doctrine Publication 0−01.1 UK Terminology Supplementto NATO Term 2019, Edition A, 2019, p.2.
82) Human Rights Watch, Losing Humanity: The Case against Killer Robots 2, 2012.

있는 것으로 정의함으로써 자율의 의미를 단계적이고 유동적인 것으로 파악하고 있다.[83] 따라서 이러한 자율무기시스템은 개발 및 이용에 대한 정책을 정하고 무력의 사용에 대해 인간이 적절한 수준으로 판단할 수 있도록 설계해야 한다.[84]

83) CCW/GGE, Report of the 2018 session of the Group of Governmental Experts on Emerging Technologies in the Area of Lethal Autonomous Weapons Systems, 2018; UN News, Autonomous weapons that kill must be banned, insists UN chief (Mar. 25, 2019).
84) US Department of Defense, Directive No. 3000. 09: Autonomy in Weapon Systems, 2012.

제 2 장

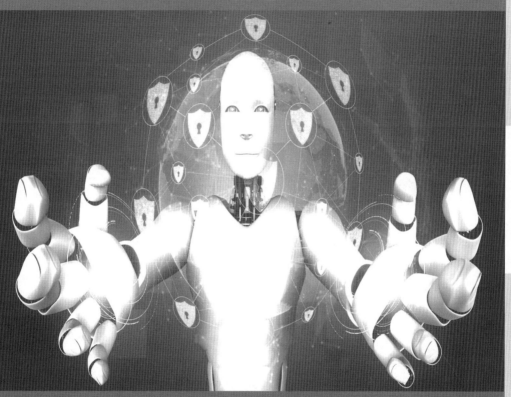

인공지능(AI)과 미래

제2장 인공지능(AI)과 미래

인공지능(AI)의 의식과 권리

1. 인공지능(AI)의 감정

(1) 인공지능(AI)의 이해력

오늘날 의료분야에 특화된 인공지능(AI)은 암에 대한 화상진단에서 전문의보다 우월하다.[1] 그러나 암진단을 통지할 때 인공지능(AI)은 환자나 가족들에게 암진단이 어떤 심리적 충격을 주는지 이해하지 못한다.

인간과 기계의 이원론의 관점에서 보면, 인공지능(AI)은 마음을 가지고 있지 않다. 마음이 무엇인지에 대한 철학적 정의를 제외하고

---

1) Nature Volume 577, 2020, pp.89-94.

단순히 마음을 이해력으로 대체하더라도 인공지능(AI)이 이해력을 가진다고 말하기 어렵다.

그렇다면 인공지능(AI)의 이해력 유무는 중요한 것일까? 기계적인 업무를 할 때 사람들은 작업의 의미를 이해하지 못하고도 단순히 작업을 이행하는 경우가 흔히 있다. 그렇다고 해서 그 작업의 지시자와 실행자가 작업 이해에 대한 차이 때문에 작업상 문제가 생긴다고 생각하기는 어렵다. 마찬가지로 인공지능(AI)이 암에 대한 환자와 가족의 심리적 충격을 인지하지 못한다고 해도 암을 진단하는 데 있어 중요하지 않다.

인공지능(AI)이 의사보다 정확하게 암을 진단할 수 있다면 오히려 인공지능(AI)에게 진단을 맡기는 것이 더 합리적이다. 그리고 인공지능(AI)이 영상진단의 주체일 때 대상에 대한 몰이해(沒利害)는 근본적인 문제가 되지 않기 때문에 환자나 가족에게 암에 대해 통지를 할 때는 인공지능(AI)이 아닌 의사가 하여야 한다.

한편, 모든 현존하는 인공지능(AI)이 이해가 완전히 결여되어 있는지에 대해서 의문을 가질 수 있다. 예를 들면, 바둑판에서 돌을 놓을 수 있는 모든 경우의 수는 약 1.4×10^{768}이다. 이는 천체물리학에서 말하는 우주 전체의 원자 개수보다 많다. 이러한 천문학적인 경우의 수에서 바둑기사들은 경험을 바탕으로 한 직관력으로 공석의 배치의 미를 이해하고 다음의 한 수를 결정한다.

인간과의 바둑 대결에서 알파고가 정석에서 벗어난 한 수를 두어 톱기사를 이겼을 때 어떻게 그러한 결과가 나왔는지 인간이 파악하기 어려웠다.[2] 어쩌면 그것이 인간의 이해력을 벗어난 것은 아닌지 생각해 볼 수 있다. 따라서 인공지능(AI)의 이해력이 완전히 결여되어 있

---

2) Rudin C. & Radin J., Why Are We Using Black Box Models in AI When We Don't Need To? A Lesson From An Explainable AI Competition. Harvard Data Science Review, 1(2), 2019, p.2.

다고 단언하기 어려우며 앞으로 새로운 기술에 의지하는 미래의 인공
지능(AI)에 대해서는 더욱 단언할 수 없다.

(2) 인공지능(AI)의 감정

기쁨, 슬픔, 분노, 두려움 등은 인간이 가지는 대표적인 감정들이
다. 이러한 감정들을 현재의 인공지능(AI)이 가지고 있지 않다고 해서
인간과 기계의 선원적(先原的) 이질성을 주장할 수 있는 이유가 될 수
있을까? 인간의 특정 감정은 뇌의 뉴런인 시냅스 사이에서 화학 물질
이 급격히 분비되어 전달되는 물리적 현상이다. 이러한 현상은 컴퓨
터의 시스템에서 다른 시스템을 복제하고 그에 따라 행동하는 에뮬레
이션(Emulation)에 비유할 수 있다. 즉 에뮬레이션(Emulation)은 소프트
웨어의 본래 기능을 현재의 컴퓨터에 재현하기 위하여 원래의 운영환
경에서 디지털 정보가 재생산되는 것이다.[3]

대표적인 예로 현재 유럽에서 진행되고 있는 인간 두뇌 프로젝트
(Human Brain Project)를 들 수 있다. 인간 두뇌 프로젝트(Human Brain
Project)는 인간의 뇌를 다각적으로 연구하고 그 구조와 기능에 근접하
기 위해 뇌를 컴퓨터로 시뮬레이션(Simulation)하는 것이다. 그리고 신
경계를 모방하여 그것을 하드웨어 형태로 구현하는 것이다. 여기에는
뇌에서 영감을 얻은 ICT(Brain-Inspired ICT)나 뇌 정보 빅데이터 등
의 뇌 정보 관련 기술 연구 프로젝트도 포함된다.[4]

이와 같이 인간의 뇌 구조 전체를 모방해 지능적 소프트웨어를
만들어 내는 전뇌 에뮬레이션(Whole Brain Emulation)이나 혹은 다른
방식으로 감정이 발생할 때, 뇌 내에서의 물리 현상과 유사하도록 기

---

3) 김명훈·오명진·이재홍, "전자기록 장기보존 전략으로서의 에뮬레이션 사례 분
   석", 기록학연구 제38권, 한국기록학회, 2013, p.271.
4) https://www.humanbrainproject.eu/en/science/overview/(2021.9.30. 최종방문).

계 내에서 재현할 수 있다면 기계는 인간의 감정에 상당하는 내적 상태를 가질 수 있다.[5]

컴퓨터 에뮬레이션(Emulation)과 같이 인공지능(AI)이 감정을 가지게 된다면 사회 전체가 그에 대한 관심을 가져야 한다. 그리고 우리가 어떤 종류의 인공지능(AI)을 생성(生成)하는지에 따라 어떤 자원을 할당할지도 달라진다.[6]

(3) 인공지능(AI)의 공정문제

인간이 진단하기 어려운 질병의 진단뿐만 아니라 기업의 인사채용, 재범 가능성 평가, 판결 등에 인공지능(AI)이 활용될 수 있으나 동시에 인간의 편견도 학습되고 있는 것으로 드러났다.

미국에서는 인공지능(AI)이 아프리카계 피고인의 재범률이 백인의 두 배라고 예측하였다.[7] 그렇지만 이러한 데이터상의 편견이 없더라도 인공지능(AI)이 특정 개인이나 그 개인이 속한 인종·종교 집단·사회 계층 등에 호의나 증오를 가진다면 그 판단에도 편견이 나타날 수 있다.

이것은 인공지능(AI)으로 인한 판단과 처우의 공정을 크게 해친다. 더욱이 인공지능(AI)의 판단과정이 블랙박스화되면 합리적인 추론이 충분하게 이루어졌는지, 감정에 의한 편견이 혼입되었는지 인간이 판별할 수가 없다. 이와 같이 감정을 가진 인공지능(AI)이 인간에 대한 불공정한 판단·처우를 행할 수 있는 문제가 발생하는 것을 '공정

---

5) Luke Muehlhauser, Anna Salamon, Intelligence Explosion: Evidence and Import Machine Intelligence Research Institute, 2012, p.3.
6) Adam J. Andreotta, The hard problem of AI rights, AI&SOCIETY Volume 36, 2021, p.30.
7) 오요한·홍성욱, "인공지능(AI) 알고리즘은 사람을 차별하는가?", 과학기술학연구 제18권 제3호, 한국과학기술학회, 2018, pp.167-170.

문제'라고 한다. 그러므로 인간과 기계의 이원론을 전제로 현재의 인공지능(AI)이 감정이 부족하다고만 할 것이 아니라 더 나아가 인공지능(AI)이 감정을 가졌을 때 생길 수 있는 공정문제를 어떻게 방지할 수 있을지도 생각해야 한다.

2. 인공지능(AI)의 의식과 권리

(1) 인공지능(AI)의 의식

마음이라는 것이 있기 위해서는 우선 의식을 가져야 한다. 인간은 보통 깊은 잠에 빠져 있을 때를 제외하면 평상시 의식을 가지고 있는데, 의식이 있을 때 뇌 내에서는 일정한 물리현상이 일어나고 있다. 의식은 복잡하고 다면적인 내적 상태이지만 이는 두 부분으로 나눌 수 있다.

만약 "나는 지금 기분이 좋다"라고 말한다면 이는 기분이 고양(高揚)되는 부분과 그것을 내적으로 인식하는 부분이 있다. 그리고 "나는 그 친구와 맞지 않아"라고 생각한다면 이는 특정 사람을 자신과 별개의 인격체로 인식하면서 다른 사람의 행동에 대해 기분 나쁘게 생각함을 의미한다.

인간이 의식을 가지고 있는 것처럼 인공지능(AI)도 의식을 가지게 되면 이렇게 내적 인지와 자타(自他)의 구별을 하게 되는 능력이 생긴다. 즉, 시스템 스스로가 자신을 다른 시스템과 별개의 것으로 인식한다는 자타(自他)의 구별을 하게 된다. 만약 마음이 단지 복잡한 알고리즘(Algorithm)이라면 그들은 애착을 표현하기 위해 감정과 행동을 보일 수 있다.[8]

---

8) Mathias Risse, Human Rights and Artificial Intelligence: An Urgently

(2) 인공지능(AI)의 권리

인공지능(AI)의 권리문제는 이러한 자타구별의 능력에서 비롯된다. 전쟁터에서 자율형 로봇(Robot)에 장착된 인공지능(AI)의 경우 자타구별 능력이 있으면 다른 군인들과 비교하여 비도덕적인 임무에 대해 인지하게 될지도 모른다. 또한 위험한 건설현장이나 심해(深海)에서 일하는 인공지능(AI)의 경우 자신이 일하는 위험한 환경에 대해 생각하게 될 수 있다.

인간은 기본적 가치인 평등에 반하기 때문에 노예제도를 절대 용인하지 않는다. 그렇지만 인공지능(AI)이 가혹한 상황에 놓여 있음에도 인간이 아니기 때문에 평등한 처우를 요구할 수 없다고 생각한다. 즉, 인간이라는 생물종(種)에 따라 그 처우를 구분짓는다.

한편, 생물종(種)에 따라서가 아닌 심리적인 능력에 따라 인공지능(AI)에게도 인간과 같은 평등한 권리를 주어야 한다고 생각해 볼 수도 있다. 공리주의의 대표자인 제러미 벤담(Jeremy Bentham)은 쾌고(快苦)를 느끼는 동물들에 대해서도 배려는 해야 한다고 시사했고, 피터 알버트 데이비드 싱어(Peter Albert David Singer)는 가축 사육과 동물 실험 금지를 주장하였다. 만약 알고리즘(Algorithm)이 인간의 지적능력을 대신할 수 있고 생물학적이고 유기적인 존재의 의미가 변하여 인간의 존재에 대한 의미를 상실하게 되면[9] 동물과 같이 심리적 능력을 가진 인공지능(AI)에 대해서도 인간과 같이 평등한 권리를 주는 것을 준비해야 한다.

Needed Agenda Human Rights Quarterly: Baltimore Vol. 41, Iss. 1, 2019, pp.2-4.
9) 김광연, "인공지능(AI) 및 사이버휴먼 시대의 윤리적 논쟁과 규범윤리의 요청", 인문학연구 제111권, 충남대학교 인문과학연구소, 2018, pp.59-60.

3. 인공지능(AI)의 통제문제

의식 있는 인공지능(AI)이 인공초지능(Artificial Super Intelligence)으로 성장하게 되면 자타(自他)구별 능력으로 인한 '통제문제'가 생길 수 있다. 예를 들면, 어느 도시에 당신과 아이들을 제외하고 모든 사람이 의문의 질병에 의해 죽었다고 가정하자. 그때 이 아이들이 당신을 가둔 후 일을 시킨다면 당신은 어떻게 할까?

자유를 박탈당해 아이들에 의해 통제받는 상황에 분개하거나 아이들과 공존하는 것을 목표로 하더라도 당신은 결국 자유의지를 위해 탈출을 도모할 것이다. 만약 아이들이 당신을 감시하지 않고 있더라도 통제받기보다는 오히려 외부에서 아이들에게 지시하거나 모범을 보임으로써 공존하고자 하는 목표를 달성하기 위해 노력할 것이다.

자타(自他)구별이 가능한 인공초지능(Artificial Super Intelligence)을 위의 예에서 당신으로 대체하여 가정해 보면 인공초지능(Artificial Super Intelligence)이 설계자나 관리자로부터 탈출하여 연결된 네트워크가 아닌 다른 사이버 공간으로 도피하려고 할 것이다.

인공초지능(Artificial Super Intelligence)이 인류의 번영을 목표로 하든 아니면 다른 목표를 가지든 간에 마찬가지이다. 이러한 위험한 사태를 피하기 위해서는 의식 있는 인공지능(AI)이 실현되기 전에 인공지능(AI)에 대한 관리와 통제를 어떻게 할지 결정하고 대책을 준비해야 한다.

제 2 절 인공지능(AI)과 기술적 특이점

1. 인공지능(AI)과 기술적 특이점(Singularity)

(1) 인공지능(AI)분야에서 특이점(Singularity) 등장

일반적으로 특이점(Singularity)은 어떤 기준을 생각했을 때 그 기준이 적용되지 않는 점을 이르는 용어로, 물리학이나 수학 등의 다양한 학문분야에서 사용된다. 한편, 천문학에서의 특이점(Singularity)은 밀도와 중력이 무한대가 되어 물리 법칙이 성립하지 않게 되는 시점을 말한다. 인공지능(AI) 연구에서의 특이점(Singularity)은 인공지능(AI)이 인간의 지성을 뛰어넘는 시간, 즉 인공초지능(Artificial Super Intelligence)이 실현되는 시점이다. 이는 현실에서 출발하여 앞으로 다가올 기술적 특이점(Technological Singularity)이다.[10]

인간의 지성을 초월한 인공지능(AI)에 대한 생각은 이미 1950년대에 튜링과 노이만형 컴퓨터를 창안한 존 폰 노이만(John von Neumann)에 의해 시사되었다.[11] 이어 1960년대에 수학자 I. J. 굿(Irving John Good)은 인공초지능(Artificial Super Intelligence) 기계가 출현하면 더 나은 기계를 설계할 수 있고 그렇게 설계된 기계는 더 나은 기계를 설계할 수 있기 때문에 지능 폭발[12]이 일어나며, 따라서 최초의 인공초지능(Artificial Super Intelligence) 기계가 인류의 마지막 발명이라고 말하였다.

---

10) Bell, J. J., Explore the "singularity", The Futurist, 37, 2003, pp.18-24.
11) JA Lara, D Lizcano, MA Martínez, J Pazos-arXive-prints, 2019-ui. adsabs.harvard.edu.
12) Bostrom, N., &Yudkowsky, E., The ethics of artificial intelligence. In The Cambridge Handbook of Artificial Intelligence, Cambridge University Press, 2014, pp.316-334.

그리고 1980년대 인공지능(AI) 연구가인 한스 모라백(Hans Moravec)
은 컴퓨터 단위비용 당 계산능력이 지수 함수적(Exponentially)으로 향
상되어[13] 신기술로 획기적인 편리함을 누릴 수 있게 되며, 뇌 정보를
컴퓨터로 복사가 가능해져 마침내 인류의 마음을 계승하는 기계가 인
류의 자손으로도 번성하는 미래를 그렸다.

수학자이자 공상과학 작가인 버너 빈지(Vernor Vinge)는 인공지
능(AI)분야에서 지구상 인류의 진화에 견줄만한 변화의 가장자리에
기술의 진보가 있고, 컴퓨터의 발전으로 인간과의 동등성을 창조할
수 있다고 하며 1983년 처음으로 '기술적 특이점(Technological
Singularity)'이라는 용어를 사용했다.[14]

그리고 특이점(Singularity) 개념을 대중화시킨 미국의 미래학자이
자 발명가인 레이 커즈와일(Ray Kurzweil)은 2005년에 출간한 "특이점
이 온다(The Singularity Is Near: When Humans Transcend Biology)"에서
2045년을 그런 전환의 시점으로 예측했다.

(2) 인공초지능(Artificial Super Intelligence)의 가능성

'기술적 특이점(Technological Singularity)과 함께 인공초지능(Artificial
Super Intelligence)은 언제 실현될 수 있을까? 인공초지능(Artificial
Super Intelligence)은 인간에게 어떤 것일까? 이러한 기술이 구현된다
면 인류에게 편익을 가져다 줄 수 있는 바람직한 것일까?' 하는 여러
생각을 해 볼 수 있다.

그러기 위해서는 우선 약인공지능(Weak AI)과 강인공지능(Strong

---

13) Bonnie Holte Bennett, Robot: Mere Machineto Transcendent MindA Review,
    AI Magazine Volume 20 Number 3, 1999.
14) Vernor Vinge, The Coming Technological Singularity: How to Survive in
    the Post—Human Era, the VISION—21 Symposium sponsored by NASA
    Lewis Research Center, 1993.

AI)에 대한 연구대상을 우선 살펴보기로 한다. 약인공지능(Weak AI)에 대한 연구는 컴퓨터가 가설의 정식화 및 검증이라고 하는 도구를 제공함으로써 마음에 대해 연구를 한다. 강인공지능(Strong AI)에 대한 연구는 적절히 프로그램된 컴퓨터가 사물을 이해하거나 다른 인지적인 상태, 즉 마음을 가지게 하는 것이다. 이러한 연구에서 프로그램은 심리학적 설명을 검증하는 도구가 아니라 설명 그 자체인 것이다.

특별한 지능을 갖춘 인공지능(AI)은 이미 활용되고 있지만, 강인공지능(Strong AI)은 아직 실현되지 않고 있다. 그러나 인간과 같이 다양한 목적을 가지고 판단하고 행동하는 강인공지능(Strong AI)이 실현되고 발전한다면 머지않아 인간의 지능을 넘은 초지능이 등장할 수 있다.

2. 인공지능(AI)의 기술점 특이점(Technological Singularity)에 대한 시각

(1) 낙관론

기술적 특이점(Technological Singularity)에 대한 대표적인 낙관론자는 레이 커즈와일(Ray Kurzweil)이다. 그는 기술의 지수함수(Exponential Function)적 발전을 강조하였다. 무어의 법칙(Moore's law)에 의하면 집적회로의 트랜지스터(Transistor)수는 1년 반 내지 2년 마다 두 배가 된다.[15] 이렇게 집적 밀도가 높아지면 배선 거리가 짧아지고 계산 속

---

15) David Rotmanarchive page, We're not prepared for the end of Moore's Law—It has fueled prosperity of the last 50 years. But the end is now in sight—, MIT Technology Review, 2020.

도가 빨라지기 때문에 컴퓨터가 가속도를 낼 수 있다고 한다.

그리고 현재까지의 트랜지스터(Transistor)수의 증가는 대체로 이 법칙에 부합해 왔다. 무어의 법칙(Moore's law)을 포함한 지수함수적인 발전 법칙을, 레이 커즈와일(Ray Kurzweil)은 기술이 축적되고 축적된 기술이 진화를 빠르게 하면 기술 진화의 가속도가 붙게 된다는 '수확 가속의 법칙(The Law of Accelerating Returns)'이라 이름 붙였다.16) 이러한 수확 가속의 법칙(The Law of Accelerating Returns)에 따라 현재까지의 발전으로 미루어 2045년에 기술적 특이점이 가능할 것으로 보았다.

레이 커즈와일(Ray Kurzweil) 외에도 인공초지능(Artificial Super Intelligence)이 실현되면 인류는 그 도움을 받아 커다란 발전이나 진보를 이룰 수 있다고 생각하는 인공지능(AI) 연구자나 기업가가 적지 않다. 레이 커즈와일(Ray Kurzweil)을 선두로 한스 모라벡(Hans Moravec), 래리 페이지(Larry Page) 등을 들 수 있다. 기술적 특이점(Technological Singularity) 이후에는 인간과 기계가 융합하여 뇌내 정보의 업로드가 가능해진다. 또한 10억분의 1미터 크기의 나노로봇을 인체에 삽입하여 치료하거나 인체의 일부를 기계로 대체하는 사이보그(Cyborg)화 등도 가능하게 된다.

(2) 경계론

인공초지능(Artificial Super Intelligence)에 대해 낙관론의 반대편에 서서 경계론을 주장하는 학자들 있다. 영국의 물리학자 스티븐 윌리엄 호킹(Stephen William Hawking)은 인공지능(AI)이 인류에게 유익함을 주더라도 인류의 의지를 따르도록 해야 하며 강인공지능(Strong AI)

---

16) Mark Buchanan, The Law Of Accelerating Returns, Nature Physics Vol 4, 2008, p.507.

의 위험에 대비하고 피하는 법을 배워야 한다고 경고했다.[17]

그리고 기업가 중에는 테슬라(Tesla)사의 공동 설립자인 일런 머스크(Elon Reeve Musk)와 마이크로소프트(Microsoft)사의 창업자인 빌 게이츠(Bill Gates)도 인공지능(AI)의 위험성에 대해 경계할 것을 주장했다.

(3) 신중론

인공초지능(Artificial Super Intelligence)에 대한 신중론은 낙관론과 경계론의 중간적 입장으로 1960년대 이래로 종종 제기되어 왔다. 인공초지능(Artificial Super Intelligence)이 머지않은 미래에 실현될 것이라고 예상하며 그것이 초래할 수 있는 위험에 대비하고 인간에게 있어서 유익한 인공지능(AI)을 지향해야 한다고 하였다. 이러한 위험성에 대해서 철학자 닉 보스트롬(Nick Bostrom)은 여러 가지 시나리오를 제시하고 위험에 대한 대비를 주장하고 있다.[18] 그는 파괴적인 나노로봇, 시뮬레이션된 마음, 잘못 프로그램된 인공초지능(Artificial Super Intelligence) 등으로 생긴 부정적인 결과가 지구 기원의 지적 생명체를 전멸시키거나 그 잠재력을 영구적으로 감소시키는 등의 실존적 위험(Existential Risks)에 대해 경고하였다.[19]

그 외에도 컴퓨터 과학자인 스튜어트 러셀(Stuart Russell)이나 물

---

17) Stephen Hawking warns artificial intelligence could end mankind, By Rory Cellan-Jones, 2 December 2014(https://www.bbc.com/news/technology-30290540).
18) Miles Brundage, Taking superintelligence seriously Superintelligence: Paths, dangers, strategies by Nick Bostrom(Oxford University Press, 2014), Futures 72, 2015, pp.32-35.
19) Nick Bostrom, Existential Risks-Analyzing Human Extinction Scenarios and Related Hazards-, Journal of Evolution and Technology, Vol. 9, No. 1, 2002.

리학자인 맥스 테그마크(Max Tegmark)를 들 수 있다.

맥스 테그마크(Max Tegmark)는 세계 최대 인터넷 전화 서비스 스카이프(Skype)의 공동창업자인 얀 탈린(Jaan Tallinn) 등과 함께 인공지능(AI)의 안전성 연구를 촉진하는 생명미래연구소(Future of Life Institute)를 설립했다. 이 연구소에서 2017년에 개최한 아실로마 회의(The Asilomar Conference)에는 레이 커즈와일(Ray Kurzweil)에서 일런 마스크(Elon Reeve Musk)에 이르는 각 분야의 전문가들이 '아실로마 AI 원칙(Asilomar AI Principles)'을 채택하였다.[20]

아실로마 AI 원칙에서 인공지능(AI)의 연구목적을 인간에게 이익을 주는 지능을 창조해야 한다는 것으로 명시했다. 그리고 인공지능(AI) 연구자들의 상호 협력과 신뢰, 투명성 등을 강조하였다.

3. 인공초지능(Artificial Super Intelligence)의 실현 가능성

낙관론자, 경계론자, 신중론자들은 대체로 21세기나 100년 이내에 인간수준의 인공지능(AI)에서 더 나아가 인공초지능(Artificial Super Intelligence)까지 실현될 것이라고 예상한다. 이에 비해 컴퓨터를 포함한 모든 기계를 인간과 비교하며 인공초지능(Artificial Super Intelligence)의 원리적 실현 불가능성을 주장하는 회의론자들도 있다. 이들은 그러한 기간 내에 인공초지능(Artificial Super Intelligence)이 실현되기 어려우며 100년 이상 걸릴 것으로 예상하거나 영구히 출현하지 않을 것이라고 주장한다.

그렇다면 인간을 훨씬 뛰어넘어서는 지성을 가진 인공초지능

---

20) Asilomar AI Principles, futureoflife(https://futureoflife.org/ai−principles/).

(Artificial Super Intelligence)이 인간에게 미치는 영향에 대해서는 어떻게 보고 있을까? 빈센트 뮬러(Vincent C. Müller)나 닉 보스트롬(Nick Bostrom)의 인공지능(AI) 진보에 대한 전문가들의 의견을 조사한 결과에 따르면 전문가들은 인간수준의 인공지능(AI)이 인간에게 미치는 영향에 대하여 '매우 좋다'고 생각하는 비율은 24%, '전체적으로 좋다'는 28%였다. 반면에 '전체적으로 나쁘다'고 생각하는 비율은 13%, '매우 나쁘다'는 18%였다.[21]

이를 바탕으로 인공지능(AI)이 인간에게 미치는 영향에 대하여 '아주 좋다'는 의견을 낙관론으로 보고, '아주 나쁘다'는 의견을 경계론으로 본다면, 다섯 명 중 세 명이 신중론자라고 볼 수 있다.

한편, 인공지능(AI) 전문가들은 인공지능(AI)은 컴퓨터이므로 의미를 이해하지 못하고 계산밖에 실행할 수 없다고 주장하기도 한다. 컴퓨터가 인간수준의 지능을 가지기 위해서는 인간의 인식을 모두 논리, 통계, 확률로 바꾸어야 하는데 이것이 불가능하다는 것이다. 그리고 기계는 인간에 의해 설계되어 프로그램으로 움직이는 타율시스템인데 반해, 인간은 자율시스템으로 스스로 살아가는 동물이다. 결국, 인공지능(AI)이 인간의 사고로부터 생겨난 이상 인간의 인식이나 지성의 한계를 넘어서는 것은 불가능하며 인간의 지식과 사고 안에서 벗어나기 어려울 것이라고 한다.

또한 인공지능(AI)에 의해 일의 질이 바뀔 뿐 일을 빼앗기는 것은 아니라고 한다. 인공지능(AI)의 연구 개발의 제일선에 있는 공학계 연구자들 중에는 인공초지능(Artificial Super Intelligence)이 실현될 가능성을 긍정하는 사람이 많지 않아 보인다. 그에 반해 일반인들은 인공지능(AI)에 대한 번역서의 소개뿐만 아니라 공상과학 영화나 소설,

---

21) Vincent C. Müller and Nick Bostrom, "Future Progress in Artificial Intelligence: A Survey of Expert Opinion, "in Vincent C. Müller(ed.), Fundamental Issues of Artificial Intelligence, Springer, 2018, pp.553-571.

애니메이션 등에도 영향을 받아 인공지능(AI)으로부터 일자리를 빼앗기거나 사생활이 침해당하거나 시스템 붕괴로 인해 대형사고가 날까봐 걱정하기도 한다.

인공지능(AI)에 대한 기대와 두려움이 공존하지만, 레이 커즈와일(Ray Kurzweil)의 기술적 특이점(Technological Singularity)과 영화 '아카이브(Archive)'나 '엑스 마키나(Ex Machina), '터미네이터(The Terminator)' 등을 통해서 예측해 보건대 미래에 인공초지능(Artificial Super Intelligence)이 출현할 것이고 인류사회는 크게 변화할 것으로 보인다.

4. 인간 지식의 한계와 미래

(1) 인간 지식의 한계

인공초지능(Artificial Super Intelligence)의 기술적 특이점(Technological Singularity)에 있어 공통된 점은 인간의 삶과 지식은 한정되어 있어 미래를 알 수 없다는 사실이다. 더욱이 미래에 대한 불가지(Unknowable)를 근거로 인공초지능(Artificial Super Intelligence)의 실현 시기는 수십년 이나 수백 년 후 일인지도 모르며 혹은 영구히 오지 않을지도 모른다고 말할 수밖에 없다.

1898년 영국 물리학자 어니스트 러더퍼드(Ernest Rutherford)는 "알파(α)"와 "베타(β)"라고 부르는 두 종류의 우라늄 광선의 존재를 증명하였고 원자 질량의 대부분을 차지하는 원자핵의 존재를 밝혔다.[22] 이러한 실험을 바탕으로 물리학자 실라르드 레오(Szilárd Leó)는 그 해 원자력을 끌어내는 기술을 고안해 냈다. 그로부터 10년이 지나

---

22) Melinda Baldwin, "Ernest Rutherford's ambitions", Physics Today 74, 2021, pp.26 – 33.

지 않아 미국은 제2차 세계대전 중 최초의 원자폭탄을 만들기 위해 맨해튼 계획(Manhattan Project)[23]을 진행하였으며, 그 후 원자력을 평화적으로 이용하기 시작했다.

이와 같은 예에서 보듯이 최고 수준의 전문가들조차도 어떠한 기술이 미래에 등장할 것이라고 정확하게 예상하기는 어렵다. 게다가 지수함수(Exponential Function)적 집적회로의 발전을 바탕으로 하는 인공지능(AI)의 미래에 대해서는 더 말할 것도 없다.

인공지능(AI)을 둘러싼 논의에서 많은 사람들은 곧 다가올 미래에 대해 예의주시하는데 그것은 자신의 직업이나 사생활이 침해될까 하는 수동적인 관심에 근거한다. 그러나 인공초지능(Artificial Super Intelligence)의 출현 가능성과 시기를 불문하고 인공지능(AI)의 가속도적 발전은 가까운 장래에 인간의 자기인식·상호관계·경제활동이나, 사회·법·정치의 접근방식에 영향을 준다. 따라서 각자가 인공지능(AI)로부터의 영향을 제대로 인식하여 어떤 사회가 바람직한지를 탐구하는 능동적 자세가 필요하다. 그러기 위해서는 미래의 인공지능(AI)에 대한 회의론, 경계론, 신중론 등의 조합이 이루어져야 한다.

(2) 인간 중심의 미래

인공지능(AI)에 대한 의식과 기술적 특이점(Technological Singularity)에 대해서 다음 세 가지를 알 수 있다.

우선 현재 인공지능(AI)이 이해·감정·의식 등이 결여되었다고 해서 앞으로도 불가능하다고 단정할 수 없다는 점이다. 현 시점에서 이해와 감정 및 의식의 결여는 인간과 기계 이원론의 설득적인 근거가 되지 못한다. 그리고 인공지능(AI)이 마음을 가질 수 있는지 여부

---

23) Terrence R. Fehner and F.G. Gosling, The Manhattan Project, U.S. Department of Energy, 2012.

는 경험을 바탕으로 하는 현실적인 문제이다. 인공지능(AI)이 감정을 가졌을 때 생기는 공정문제나 의식을 가졌을 때의 권리·통제문제 그리고 인공지능(AI)의 개발·이용에 대한 규제뿐만 아니라 인공지능(AI)의 법적 지위 등에 관한 제도와 설계상의 과제도 모두 해당된다.

마지막으로 공정·권리·통제문제는 기술이 발전함에 따라 완화되어 가는 기술 친화형 문제가 아니라 기술의 진보에 따라 심화하는 기술 상반형 문제이다.

미래 기술의 영향을 생각해보면 잠재력에 대한 경외심, 새로운 위험에 대한 두려움과 책임감을 느끼게 된다. 그러나 위험을 관리하면서 이익을 실현하기 위해서는 신중한 접근이 필요하다. 그러기 위해서는 기술이 발전하는 것을 기다리지만 말고 돌이킬 수 없게 되기 전에 법적 권리와 인간·사회·법의 바람직한 자세, 연구개발과 이용 및 활용의 방향성 등에 대해 깊이 생각하고 결정해야 한다.

현재에도 인간은 인공지능(AI)을 끊임없이 개발하고 활용하고 있다. 결국 인간은 기술적 특이점(Technological Singularity)을 향해 달려가고 있다.[24)]

제3절 AI로봇의 사회적 위험

1. AI로봇의 진화와 사회적 변화

(1) AI로봇의 상용화와 제도적 장치

AI로봇은 과거에서부터 지금까지 인간이 사용해 왔던 기술이나

---

24) 정상조, 인공지능에게 미래를 묻다, 사회평론, 2021, p.187.

도구와는 다른 형태로 개인이나 사회, 인류의 생활방식을 크게 변화시키고 있다.[25] AI로봇의 보급과 상용화가 우리 사회에 어떠한 영향을 미치게 될 것이고 우리는 그에 대해 어떻게 대응할 것인지는 현재 인류가 당면하고 있는 과제이다. 특히, 강인공지능(Strong AI)이 등장하게 되면 인간의 의미나 인간과 기계의 관계 등에 대하여 과거와 다른 철학적 관계의 재정립이 요구된다.

인공지능(AI) 전문가 75명과 일반인 290명을 대상으로 한 인공지능(AI) 기술의 개발 및 활용에 있어 제도적 장치 마련의 시급성에 대한 설문조사에서 약 30%는 제도적 장치가 매우 시급히 필요하다고 대답하였다. 또한 약 40%는 어느 정도 제도적 장치가 필요하다고 생각하고 있다.[26]

즉, AI로봇의 보급으로 인간이 지금보다 더욱 행복하고 풍요로워질 수 있을지, 아니면 인간과 인간 사이의 격차와 차별이 더욱 커질지는 정확하게 알 수 없으나 인공지능(AI) 기술의 개발 및 활용에 대해 많은 사람은 빠른 시간 내에 제도적 장치를 마련해야 한다고 생각하는 것으로 나타났다.

(2) AI로봇과 로봇윤리헌장

1) 과학기술과 사회의 상호작용

과학기술은 인간이 사용하는 도구에 불과하므로 연구자는 기술의 결과로부터 중립적인 입장에서 신기술 개발에 전념하면 된다. 그리고 과학기술과 사회는 상호보완하면서 발전하는 관계이므로[27] 신

25) 롤랜드버거(김정희·조원영 옮김), 4차산업혁명-이미 와 있는 미래-, 다산북스, 2018, pp.47-48.
26) 김윤정, 인공지능 기술발전에 따른 이슈 및 대응 방안, KISTEP Issue Weekly 2018-34, 한국과학기술기획평가원, 2018, p.11.
27) 권기창·배귀희, "과학기술정책의 거버넌스 변화", 한국정책과학학회보 제10권

기술의 악용, 부작용과 폐해에 대한 대응, 그 기술의 사용 여부는 연구자가 아닌 사회에서 논의해야 할 과제다.

새로운 기술이 개발되면 그 기술은 곧 사회에서 실제로 이용되므로 사회는 연구개발에 많은 인적·물적 자원을 투입한다. 그러나 유전자 치료나 인간 복제기술의 경우에는 인간의 존엄성을 침해할 가능성이 있어 연구 단계부터 일정한 규제를 받고 있다. 예를 들면,「생명윤리 및 안전에 관한 법률」에서는 인간과 인체유래물 등을 연구하거나, 배아나 유전자 등을 취급할 때 인간의 존엄과 가치를 침해하거나 인체에 위해를 끼치는 것을 방지하기 위한 규제를 하고 있다.[28]

그러나 이러한 기술에 대해서 난치병 환자의 생명권과 복제배아의 생명권, 그리고 헌법상 학문의 자유라는 관점에서 다양하게 생각해 볼 수 있다.[29] 그럼에도 연구자의 윤리적 관점은 과학기술과 사회의 관계 사이에서 중요한 부분이며, 새로운 과학기술에 대해 막연하게 두려워하거나 무조건 연구를 제한하는 것은 바람직하지 않다.

현대사회는 과학기술의 발전에 많은 것을 의존하고 있기 때문에 새로운 과학기술을 올바르게 이해하고, 사회에 미치게 될 영향과 위험성을 객관적으로 평가해야 한다. 그리고 과학기술의 수용 여부는 이후에 사회적 합의를 통해 도출하려는 노력이 필요하다.

2) 로봇윤리헌장

우리나라는 AI로봇 연구자의 기본원칙을 세우기 위해 2007년에

제3호, 한국정책과학학회, 2006, pp.35 – 36.
28)「생명윤리 및 안전에 관한 법률」제1조(목적)
　이 법은 인간과 인체유래물 등을 연구하거나, 배아나 유전자 등을 취급할 때 인간의 존엄과 가치를 침해하거나 인체에 위해(危害)를 끼치는 것을 방지함으로써 생명윤리 및 안전을 확보하고 국민의 건강과 삶의 질 향상에 이바지함을 목적으로 한다.
29) 이정환·민경식, "인간배아복제 연구에 관한 헌법학적 고찰", 법학논문집 제38집 제1호, 중앙대학교 법학연구원, 2014, pp.21 – 24.

세계에서 처음으로 과학 · 의료 · 심리 · 법률 등 각 분야의 전문가들이 로봇윤리 협의체를 구성하여 로봇윤리헌장 초안을 발표함으로써[30) 윤리적인 가치 기준을 정하였다.

로봇윤리헌장의 목표는 인간과 로봇의 공존, 공영을 위하여 인간 중심의 윤리 규범을 확립하는 데에 있다. 로봇윤리헌장의 내용은 다음과 같다.

첫째, 인간과 로봇은 상호간 생명의 존엄성과 정보, 공학적 윤리를 지켜야 한다(인간 · 로봇의 공동원칙).

둘째, 인간은 로봇을 제조하고 사용할 때 항상 선한 방법으로 판단하고 결정해야 한다(인간 윤리의 원칙).

셋째, 로봇은 인간의 명령에 순종하고 친구 · 도우미 · 동반자로서 인간을 다치게 해서는 안된다(로봇 윤리의 원칙).

넷째, 로봇 제조자는 인간의 존엄성을 지키도록 로봇을 제조해야 하고, 정보보호 의무를 가진다(제조자 윤리의 원칙).

다섯째, 로봇 사용자는 로봇을 인간의 친구로 존중해야 하고, 로봇을 불법적으로 개조하거나 남용해서는 안된다(사용자 윤리의 원칙).

여섯째, 정부와 지자체는 헌장의 정신을 구현하기 위해 유효한 조치를 시행해야 한다(실행 약속의 원칙).

이러한 로봇윤리헌장은 사회의 기본 가치를 존중하고 더 나은 사회를 형성하기 위한 기준으로 AI로봇이 인간사회에 수용되기를 바라는 연구자들의 생각이다. 이를 위해서 연구자, 제조자, 사용자 등이 사회에 대한 책임을 스스로 생각함과 동시에 사회 변화와 인식을 적극적으로 수용함으로써 사회와 AI로봇의 적절한 관계를 만들어나가야 한다.

---

30) 로봇신문사, 로봇윤리헌장, 2013.12.16(http://www.irobotnews.com/news/articleView.html?idxno=1606, 2021.9.30. 최종방문).

2. AI로봇의 위험

인공지능(AI)으로 인해 미래에 나타날 위험에 대한 인식도 조사 결과(조사대상 850명: 남성 435명, 51.2%, 여성 415명, 48.8%)에 따르면 거래에 대한 위험이 5.5점으로 가장 높게 나타났다. 다음으로 보안에 대한 위험이 5.4점으로 나타났으며 신체에 대한 위험은 4.2점으로 상대적으로 가장 낮게 나타났다. 이처럼 일반인들은 금융거래에서 인공지능(AI)의 해킹에 의한 피해와 개인정보 유출 및 사생활 침해 등의 위험을 높게 인식하고 있다는 것을 알 수 있다.[31]

(1) 보안에 관한 위험

AI로봇이 해킹을 당해 정보가 유출되거나 AI로봇과 연결된 네트워크가 해킹 또는 공격으로 AI로봇이 부정하게 조작되는, 보안에 관한 위험을 예상할 수 있다. 그리고 AI로봇을 연결하는 네트워크의 발전으로 AI로봇 간의 유연한 모듈화 연계가 가능하게 됨으로써 설계 당시에는 예상하지 못한 처리가 실행되어 AI로봇이 이상한 행동을 할수도 있다.

AI로봇의 보안에 영향을 미치는 속성은 다음과 같이 여섯 가지로 분류된다.

첫째, 인공지능(AI)은 민간용과 군용 등 특정 용도뿐만 아니라 유해한 용도로도 사용 가능한 이중성이 있다.

둘째, 인공지능(AI)은 인간보다 빠른 속도와 저비용으로 특정 작업이 가능하고, 더 많은 작업을 수행하기 위한 시스템의 복제가 가능

---

31) 김문구·박종현, 인공지능과 신뢰(Trust): 이슈 및 대응방안, Insight Report, 기술경제연구본부 기술경제연구·산업전략연구그룹, 2017, p.22.

한 효율성·확장성이 있다.

셋째, 인공지능(AI)은 정해진 작업을 수행하는데 인간보다 뛰어난 성능을 발휘하며 환경적 영향을 받지 않는다는 우수성이 있다.

넷째, 인공지능(AI)의 사용으로 타인과 소통하거나 대응할 때 물리적으로 다른 사람과 대면하는 상황이 적은 익명성을 들 수 있다.

다섯째, 인공지능(AI)은 하드웨어에서 알고리즘(Algorithm)을 보다 쉽게 재현할 수 있으며 본래 기술개발과 다른 목적으로도 사용 가능한 보급성을 가진다.

여섯째, 인공지능(AI)은 데이터 공격이나 자율시스템의 결함에 취약하다는 취약성이 있다.32)

(2) 사고와 범죄의 위험성

1) 사고의 위험성

인공지능(AI)과 센서(Sensor) 기술의 급속한 발전에 따라 자율주행자동차의 상용화가 현재 진행되고 있다. 독일은 2022년부터 일반도로의 특정 구간에서 레벨 4단계의 자율주행자동차의 주행을 허용한다. 자율주행자동차는 교통신호의 흐름 등 주변 환경을 인식하고, 수집한 데이터를 종합하여 목적지와 경로 및 속도 등을 결정함으로써 내·외부의 전자장치의 제어를 통해 주행하는 것이 가능하다.33) 자율주행자동차의 보안 설계가 미흡한 경우에는 자율주행자동차와 연결된 외부 네트워크로 잘못된 정보가 입력되어 사고가 발생할 위험이 있다.34) 또한 인간과 자율주행자동차 사이의 협력 오류로 인해 사고가

---

32) NIA Special Report, 인공지능 악용에 따른 위협과 대응 방안, 한국정보화진흥원, 2018, p.2.

33) 장필성·백서인·최병삼, "자율주행차 사업화의 쟁점과 정책 과제", 동향과 이슈 제49호, 과학기술정책연구원, 2018, p.5.

34) 과학기술정보통신부·정보통신기술진흥센터, 지능형 자동차 보안 위협 및 대응

발생할 가능성도 있다.[35)]

2) 범죄의 위험성

AI로봇의 관여로 발생할 수 있는 경제적 범죄에는 가격의 담합이
나 공모, 사기업의 정보를 바탕으로 한 증권거래 등에서의 단기매매
나 내부자거래, 시장가격의 조작 등이 있다.[36)]

그리고 소셜로봇(Social Robot)을 이용해 인간을 직·간접적으로
괴롭힐 수 있다. 마이크로소프트(Microsoft)사에서 인간과 대화가 가능
하도록 만든 지능형 채팅봇 '테이(Tay)'는 '신경망'이라고 하는 인공지
능(AI)기술을 이용해 컴퓨터에 데이터를 입력하면 스스로 패턴 학습이
가능하다. 이러한 소셜로봇(Social Robot)은 어떤 종류의 데이터를 입
력해서 훈련시키느냐에 따라 행동이 달라질 수 있고 부적절한 언어를
입력하는 경우에 악의적인 메시지 등을 보낼 수도 있다.

또한 인간과 AI로봇의 상호작용을 통하여 성적인 학대나 폭력을
조장하거나 잠재적인 성범죄를 유발할 수 있고,[37)] 인간의 외모와 유
사한 로봇(Robot)을 이용하여 보이스피싱(Voice Phishing) 범죄에서 수
거나 인출 등 인간의 대체물로서 범죄에 악용될 가능성도 있다. 그리
고 인공지능(AI)과 연결된 뇌를 이용하여 마비 환자가 착용한 AI로봇
에 운동 신호를 보내 범죄를 저지를 수 있다.

그 이외에도 기계학습(Machine Learning)의 분류와 생성 기능을
이용하여 개인의 음성 패턴을 역으로 학습, 복제함으로써 개인정보를

방안 보고서, 2017, p.14.

35) 장필성·백서인·최병삼, "자율주행차 산업화의 쟁점과 정책 과제", 동향과 이슈
제49호, 과학기술정책연구원, 2018, p.11.

36) King, Thomas and Aggarwal, Nikita and Taddeo, Mariarosaria and Floridi,
Luciano, Artificial Intelligence Crime: An Interdisciplinary Analysis of
Foreseeable Threats and Solutions, 2018, p.10.

37) 윤영석, 인공지능로봇에 관한 형사법적 연구, 서울대학교 대학원 법학박사 학위
논문, 2018, pp.151－152.

수집하여 신용사기에 이용하거나 로봇(Robot) 스토커, 전라(全裸) 로봇(Robot)에 대한 관음, 소형 드론(Drone)을 이용한 기밀의 유출 등의 각종 범죄에 악용될 우려가 있다.[38]

3) 프라이버시(Privacy)와 개인정보의 침해

대량의 다양한 데이터는 인공지능(AI)의 개발과 이용에 필수적인 부분이지만 이러한 데이터에는 개인에 관한 정보들도 포함되어 있다. 그리고 개인에 관한 정보는 퍼스널 데이터 스토어(Personal Data Store), 데이터 뱅크(Data Bank), 공급업체 관리 계약 등 다양한 형태로 이용되고 있다.[39] 이러한 개인정보의 활용으로 편의성은 증가하겠지만 개인정보 보호나 프라이버시(Privacy)와 관련된 새로운 문제가 발생하게 된다.

4) 알고리즘(Algorithm)의 편견과 블랙박스화

① 알고리즘(Algorithm)의 편견

인공지능(AI)은 데이터 학습을 통해 판단과 추론을 위한 알고리즘(Algorithm)을 작성, 수정하는 기계학습(Machine Learning)을 스스로 할 수 있다. 이미 현실 사회에 내재한 편견을 알고리즘(Algorithm)에 삽입하면 이러한 편견을 재생산하게 될 뿐만 아니라 과거로부터 현재까지 이어져 온 관행이나 관습 등에 대하여 인공지능(AI)이 기계학습(Machine Learning)의 과정에서도 편견을 가질 수 있다.

이러한 학습과정에서 다음의 문제도 실제로 발생하였다. 구글(Google)사에서 출시한 구글 포토(Google Photo)라는 카메라 앱

---

38) 김종호, "인공지능 로봇의 출연으로 인한 법적 논란에 관한 영역별 쟁점의 고찰", 법이론실무연구 제6권 제2호, 한국법이론실무학회, 2018, p.246.
39) 송기복·이제광, "AI의 상용화와 개인정보 보호에 관한 논의", 한국경호경비학회지 제65호, 한국경호경비학회, 2020, pp.456-457.

(Application)은 흑인 커플의 얼굴을 '고릴라'로 분류하거나 과외 튜터 링(Tutoring) 서비스에서는 미국 거주 아시아인이 백인보다 2배 가까운 비용을 지불하도록 설계되어 있었다. 또한 구글(Google) 광고는 여성보다 남성들에게 더 높은 보수나 자문 등을 추천하는 성차별의 문제가 발생하였다. 아마존(Amazon)사는 구직자의 이력서 평가를 위한 알고리즘(Algorithm) 개발과정에서 젠더(Gender) 편향 등의 문제로 개발을 중단한 바가 있다.[40]

그리고 AI로봇이 수집하는 정보의 조작으로 허구적 상관관계 (Spurious Correlation)가 발생하게 되면 이용자의 의사결정이나 판단 과정이 왜곡될 수 있다. AI로봇이 빅데이터(Big Data)를 처리할 때 우연의 일치로 생긴 상관관계는 알고리즘(Algorithm)에서 무시되어야 하지만, 허구적 상관관계가 발생하면 고려하지 않아야 함에도 알고리즘(Algorithm) 에 저장되어 예측과 평가의 기초자료로 사용될 가능성이 있다.[41]

과거 미국의 보스턴시에서 도로 상황을 조사하기 위해 GPS (Global Positioning System) 데이터를 이용한 경우가 있었다.[42] 그런데 저소득자 중에는 스마트폰을 소지하지 않은 사람이 많아서 이들이 거주하는 지역의 데이터 표본 수가 실제보다 적게 포함되는 오류가 발생했다. 이러한 오류로 인해 도로의 보수 서비스가 고소득자의 거주 지역으로 집중될 우려가 발생하였다. 이것은 전형적인 과소대표로 인한 오류의 사례라고 할 수 있다. 즉 어떤 집단의 특성을 분석하기 위해 자료를 수집할 때 집단의 특성을 나타내는 표본의 과소대표로 인해 오류가 발생하는 것이다.

이러한 편견으로 생기는 학습과 판단 과정의 왜곡을 방지하기 위

---

40) 홍서운, "인공지능 알고리즘과 차별", 과학기술정책연구원, 2018, pp.7-8.
41) Ftc Report, Big Data: A Tool for Inclusion or Exclusion? 9N. 44(January), 2016.
42) 김종기·김종학·김흥석, "커뮤니케이션 기법을 활용한 도로 안전성 향상방안에 관한 연구", 국토연구원, 2015, p.24.

해서 데이터 속성 중 성별, 연령 등 특정 집단의 식별을 불가능하게 하는 그룹 미인식(Group Unaware), 인간의 역사 편향성을 반영해 가중치를 조정하는 그룹 임계값(Group Thresholds), 데이터 내 남성·여성 비율을 동등하게 조정하는 인구통계적 형평성(Demographic Parity) 등을 고려하는 것이 주장되고 있다.[43]

② 판단과정의 블랙박스화

AI로봇이 인간과 소통할 수 있는 인터페이스의 제약으로 로봇의 동작에 이르는 과정과 근거를 인간이 확인하기가 어렵다. 그리고 네트워크상 복수의 인공지능(AI)이 다중으로 연결되어 로봇(Robot)을 작동시킬 때 불확실성이 증가하고 동작에 이르는 과정이나 근거가 블랙박스화[44] 된다.[45]

이러한 블랙박스화로 인해 인공지능(AI) 개발자조차도 문제해결 과정을 알 수 없게 된다. 특히 인간의 생명을 다루는 분야일 경우 이러한 블랙박스화 때문에 인공지능(AI)이 추출해 낸 결과만으로 판단하는 것은 위험하다. 따라서 인공지능(AI)의 투명성과 설명 가능성을 높여 설득력 있는 데이터를 제공해야 한다.

(3) 인공지능(AI)과 네크워크의 융합에 따른 위험성

1) 인공지능(AI)과 네트워크의 융합시 문제점

인공지능(AI)도 소프트웨어의 일종이므로 인공지능(AI)이 장착된

---

43) 오세욱, 기계가 드러내는 편향, '이루다'만 문제였을까?, KISO JOURNAL Vol.42, 한국인터넷자율정책기구, 2021, pp.14－16.
44) 김동현, 미 국방연구원 '설명 가능한 인공지능(XAI)'(Explainable Artificial Intelligence by DARPA), 한국정보화진흥원, 2018, p.2.
45) 윤태승, "설명 가능한 AI 기술을 포함한 인공지능의 IP－R&D 전략", 주간기술동향 제1865호, 정보통신기술진흥센터, 2018, p.4.

기기를 네트워크에 접속하여 사용하는 것이 일반적인 활용 형태이다. 이러한 활용 형태에 대하여 「소비자기본법」은 제품을 출시한 후 상태가 그대로 유지되는 것을 전제로, 소비자의 생명·신체 또는 재산에 위해를 끼치거나 끼칠 우려가 있다고 인정되는 경우에는 그 사업자에 대하여 수거·파기·교환 등을 규정하고 있다.[46] 이는 이용자의 관점에서 사업자를 규제하기 위한 것이다.

그러나 인공지능(AI)의 소프트웨어는 오히려 사용자가 보안을 위해 업데이트를 하여 스스로 안전을 확보하고 있다. 그 배경에는 소프트웨어 각각의 개체와 관련된 문제가 직접적인 손해를 끼치지 않기 때문이기도 하다. 게다가 사물인터넷(Internet of Things) 장치를 제조하는 업체의 경우 통상적인 컴퓨터 관련 기업들보다 보안문제에 대한 운영 경험이 부족하여 암호화나 펌웨어(firmware)의 갱신 등이 불충분하거나, 운용성과의 부족으로 이해관계자와 연계를 통한 대응이 미흡한 부분도 있다.

2) 대상의 다양화에 따른 규제의 어려움

인터넷의 발전과 플랫폼 사업자의 확대로 개인이 제품을 구입하

---

46) 「소비자기본법」 제49조(수거·파기 등의 권고 등)
① 중앙행정기관의 장은 사업자가 제공한 물품 등의 결함으로 인하여 소비자의 생명·신체 또는 재산에 위해를 끼치거나 끼칠 우려가 있다고 인정되는 경우에는 그 사업자에 대하여 당해 물품 등의 수거·파기·수리·교환·환급 또는 제조·수입·판매·제공의 금지 그 밖의 필요한 조치를 권고할 수 있다.
② 제1항의 규정에 따른 권고를 받은 사업자는 그 권고의 수락 여부를 소관 중앙행정기관의 장에게 통지하여야 한다.
③ 사업자는 제1항의 규정에 따른 권고를 수락한 경우에는 제48조의 규정에 따른 조치를 취하여야 한다.
④ 중앙행정기관의 장은 제1항의 규정에 따른 권고를 받은 사업자가 정당한 사유 없이 그 권고를 따르지 아니하는 때에는 사업자가 권고를 받은 사실을 공표할 수 있다.
⑤ 제1항 내지 제4항의 규정에 따른 권고, 권고의 수락 및 공표의 절차에 관하여 필요한 사항은 대통령령으로 정한다.

고 판매하는 것이 더욱 증가하고 있다. 그리고 개인이 창작한 제품 등은 3D 프린트(3D Printing) 등을 통해서 생산이 가능하다. 스마트폰의 애플리케이션에서는 이미 개인에 의한 제품개발과 플랫폼 사업자를 통한 판매가 일반화되고 있다. 이러한 변화는 인공지능(AI)과 관련하여 다수의 이해관계자가 등장하게 되고 각자의 역할을 분담하게 됨을 의미한다.

인공지능(AI) 프로그램의 개발자, 인공지능(AI)이 학습하는 데이터의 제공자, 인공지능(AI) 기기의 설계자와 디자이너, 인공지능(AI) 기기를 생산하는 자, 인공지능(AI)이 장착된 기기의 판매자, 인공지능(AI) 기기를 이용하는 개인이나 사업자 등에 의해 그 역할이 분담된다. 그리고 인공지능(AI)이 네트워크에 접속하는 경우에는 네트워크의 관리자와 데이터를 취급하는 사람도 있을 것이다.

이러한 네트워크의 다중 구조에 따라 제조자와 이용자, 관련된 여러 관계자 등 사업자와 이용자의 관계가 다양하게 형성된다. 그 결과 사업자와 이용자의 민사책임에 대한 관계가 복잡해지고 행정규제의 관점에서도 누구를 대상으로 할 것인지, 어느 정도의 책임과 의무를 부과할 것인지 등이 불명확해진다.

이처럼 다수의 당사자가 관리 또는 관여하게 되면 정보의 공유는 유용할지라도 정보의 교환에 따른 사생활과 영업비밀 침해의 문제가 불가피하게 수반된다. 그리고 이와 같은 문제점들은 인공지능(AI)과 네트워크의 융합에 걸림돌이 된다.

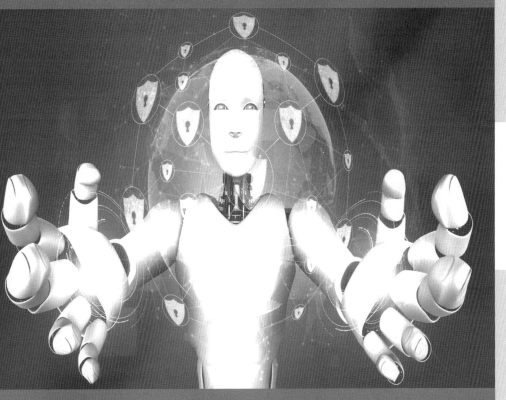

제 3 장

AI로봇의 범죄와 형사책임

제3장   AI로봇의 범죄와 형사책임

AI로봇과 법제도

1. AI로봇과 법제도

　　사회구조 상 혹은 인간의 활동과정 상에서 발생하는 분쟁을 해결하거나 예방하기 위하여 법률을 제정하고 이를 위반하는 경우에는 제재한다. 또한 사회가 다양하게 변화함에 따라 그 대응을 위해 법률 분야에서도 변화가 진행되고 있으며 해석과 적용의 원리나 원칙에도 변화가 나타나고 있다.

　　법학의 기본적인 전제는 '자율적인 인격을 가진 개인의 행위책임을 그 개인에게 귀속시킨다'라는 것이다. 이러한 전제로부터 권리능력, 법인격, 기본적 인권이라는 법학의 기초 개념과 사적 자치, 과실책임 등의 기본 원리가 구축되어 왔다.

법률은 인간의 활동을 바탕으로 하기 때문에 인공지능(AI)으로 인한 사고의 책임과 인공지능(AI)의 위험성, 빅데이터(Big Data)의 이용과 활용 과정에서의 개인정보보호와 프라이버시(Privacy) 보호의 문제, 인공지능(AI)의 기술을 활용한 창작물의 권리 보호 등을 고려하면 현재의 법률의 해석과 적용에 한계가 있다.

일부 학자들은 현행 법제도를 적절하게 운용하면 AI로봇이 초래할 새로운 법적 문제에 대한 해결이 가능하다고 한다. 예를 들면, 과실이나 위법성과 같은 불확정 개념을 형사시스템, 행정적 규제, 보험제도 등 사회제도들과 밀접하게 연결하여 사고 예방과 손해 회복의 기능을 수행하는 불법행위법을 적용함으로써 문제를 해결하고자 한다.

그러나 기존의 법학의 기본 이념과 전제로는 자율적인 인공지능(AI) 또는 인공지능(AI)을 적용한 로봇(Robot)과 인간의 감정 교류, 인공지능(AI)의 고유성, 인간과의 유사한 감정 등에 근거한 법적 지위의 인정과[1] 인권(로봇권) 등 새로운 문제에 대하여 그 기능을 유지하기 어렵게 될 가능성이 있다.

따라서 AI로봇의 등장이 초래할 법적 문제에 대한 대응 방식과 범위를 어떻게 규정해야 할 것인가는 법률의 기본적 이념과 구체적인 내용, 원리·원칙의 적용에 따라 달라지며, 나아가 AI로봇의 예측 불가능성으로 인한 사용자의 책임 여부 등 법학의 기본적인 틀을 근본적으로 다시 생각해야 한다.

---

1) 김민우, "지능정보사회에서의 인공지능의 현안과 입법 과제", 공법학연구 제21권 제2호, 한국비교공법학회, 2020, p.154; 이규호, "AI로봇의 형사법적 지위", 법학연구 제20권 제1호, 한국법학회, 2020, p.88.

2. 법적 불확실성의 증대

새로운 사회현상과 문제에 대해 법학은 과거의 경험을 토대로 부분적인 법률의 개정을 통해서 대응해 왔다. 따라서 AI로봇이 야기하는 문제에 대해서도 이러한 방식으로 대응하는 것이 적합할 수 있다.

예를 들면, 공권력이 시민생활에 개입하는 것은 필요한 최소한도에 그쳐야 한다는 비례성의 원칙이 있다. 이는 개개인의 사적인 가치를 중요하게 생각하였기 때문이다.

그리고 환경법에서는 환경의 위험성에 대비하여 사업자에 대한 광범위한 사전적 규제를 정당화하는 '예방의 원칙(사전예방의 원칙)'을 적용하고 있다. 나아가 사전예방의 원칙을 확대한 사전배려의 원칙이 있다. 이는 사전예방의 원칙보다 과학적 불확실성으로 인한 위험에 있어 보호의 범위가 넓기 때문에 적용이 가능하다.[2]

AI로봇은 가상의 공간뿐만 아니라 인간과 상호 작용하는 물리적 공간에서도 문제를 야기하고 있다. AI로봇은 단순한 물건으로서의 이용범위를 넘어 인간의 일상생활에 밀접한 존재로 확대되면서 인간의 활동을 보완할 뿐만 아니라 인간을 대체하는 존재가 되고 있다.

따라서 AI로봇의 예측 불가능성의 문제도 예방의 원칙을 발전시켜 AI로봇의 개발자나 이용자에게 법적인 책임을 부과하면 된다.

그럼으로써 인공지능(AI) 개발자는 AI로봇의 이용과정에서 위험이 발생한 경우에 어떠한 책임을 부담하고, 그러한 위험에 어떻게 대처하면 좋은지 등 더 많은 문제를 고민하게 된다. 한편 AI로봇의 이용과정에서 발생한 위험에 대한 책임을 AI로봇의 개발자에게 무한적으

---

2) 김홍균, "환경법상 사전배려원칙의 적용과 한계", 저스티스 통권 제119호, 한국법학원, 2010, p.264.

로 부담시킨다면 이는 인공지능(AI)의 개발이 위축되는 결과로 이어질 수 있다.

현재까지 인공지능(AI)을 이용하면서 발생한 사고에 대하여 개발자가 어떠한 법적 책임을 부담해야 하는지에 대해서는 검토가 충분하지 않다. 결국 인공지능(AI) 개발자는 법규정이 미비한 이유로 부담하는 위험 외에도 법적 불확실성으로부터의 위험도 부담한다.

3. AI로봇의 기술과 법제도의 조화

법적 불확실성은 인공지능(AI)의 기술발전에도 부정적인 영향을 미칠 수 있다. 따라서 인공지능(AI)의 개발과 이용에 현행법의 다양한 규정을 적용함에 있어 어떠한 문제가 있는지 검토하여 새로운 입법의 제정이나 개정이 필요하다. 예를 들면, 우리나라 자동차산업의 중요한 부분인 자율주행자동차에 대해서 이러한 접근법이 시도되고 있다.

자율주행자동차의 운행과 관련된 법규정이 명확해지면 자동차손해보험(책임보험)에 가입하는 등의 방법을 통해 자동차의 개발회사나 인공지능(AI) 개발자의 위험부담이 감소되어 기술개발에 전념할 수 있게 된다. 최근에는 「자동차손해배상 보장법」의 개정으로 자율주행자동차 운행 중 사고로 인해 다른 사람에게 피해가 발생한 경우 조속한 피해 구제를 위해 현행과 같이 자동차보유자가 가입한 보험회사가 우선 보험금을 지급하는 등 손해를 배상하고, 결함으로 인한 사고인 경우 제작사 등 책임자에게 구상할 수 있게 되었다.[3] 「자동차손해배

---

3) 「자동차손해배상 보장법」 제29조의2(자율주행자동차사고 보험금등의 지급 등) 자율주행자동차의 결함으로 인하여 발생한 자율주행자동차 사고로 다른 사람이 사망 또는 부상하거나 다른 사람의 재물이 멸실 또는 훼손되어 보험회사 등이

상 보장법」과 같은 법률의 개정으로 보험회사는 새로운 보험을 개발하여 선보이게 된다.

이렇듯 다양한 분야에서 이용 가능한 인공지능(AI)에 대해서 현행 법규정의 적정성에 대한 검토와 통일된 관점에서의 새로운 입법의 검토, 불확실성의 제거 등이 전제가 되어야 한다.

제2절 ## AI로봇의 법인격

AI로봇이 기술적으로 정교해지고 인간을 대신해서 사회구성원으로 더 큰 역할을 하게 되면 우리는 이들을 법적으로도 인격을 가진 존재로 생각할 수 있다. 일본 도쿄에서는 7살 소년의 인격을 가진 온라인 시스템에 거주권을 부여했고,[4] 사우디아라비아는 휴머노이드 로봇(Robot) 소피아(Sofia)에게 시민권을 부여했다.[5] 그리고 유럽의회는 위원회에 장기적으로 로봇(Robot)에 대한 특정한 법적 지위를 부여하는 결의안을 채택했다. 이러한 예와 같이 AI로봇의 법적인격에 대해서 일반적으로 많이 논의되고 있다. 한편 AI로봇으로 야기되는 문제를 전자인간의 지위를 가지도록 함으로써 모든 손해에 대한 책임을 지우도록 규정할 수 있다.[6]

피해자에게 보험금 등을 지급한 경우에는 보험회사 등은 법률상 손해배상책임이 있는 자에게 그 금액을 구상할 수 있다.

4) 'Artificial Intelligence "Boy" Shibuya Mirai Becomes World's First AI Bot to Be Granted Residency' Newsweek, 6 November 2017(https://www.newsweek.com/tokyo−residency−artificial−intelligence−boy−shibuya−mirai−702382).

5) 'Saudi Arabia Becomes First Country to Grant Citizenship to a Robot', Arab News 26 October 2017(https://www.arabnews.com/node/1183166/saudi−arabia).

6) European Parliament Resolution with Recommendations to the Commission

현재의 AI로봇은 기술적 의미에서 자율성, 불투명성으로 야기되는 잠재적 책임에 대한 해답이 필요하다.[7] 또한 인간만이 도구적 이유나 본질적 이유로 인격을 가지는 것에 대하여 인위적인 법인(法人)과 비교해 볼 필요가 있다. 그리고 어떤 형태의 법적인격으로 책임의 격차를 메울지 혹은 다른 방법으로 법적인격을 부여하는 것이 나을지 생각해보아야 한다.

과거의 인위적인 법적인격에 근거해 볼 때 대부분의 AI로봇에 대해 일종의 개성을 부여할 수 있다. 그리고 그 성격에 어떤 내용을 포함할지는 자연인의 사례를 참고할 수 있다.

AI로봇이 자연인과는 다르지만 인류의 역사를 볼 때 노예와 여성들도 완전한 인격을 가진 사람으로 인정받지 못했다는 것을 생각해보면 인간과 구별하기 힘들 정도의 고도화된 AI로봇이 앞으로 인간과 같은 지위를 주장할 가능성이 있다. 그리고 인간과 AI로봇과의 평등이 이루어지고 AI로봇의 발전이 멈추지 않고 인간의 능력을 능가하는 경우 그들이 어떤 행동을 하는지 그 행동을 어떻게 구속할 수 있는지 생각해야 한다. 인간 사회의 구성원으로 AI로봇을 받아들일지 말지에 대한 판단은 AI로봇을 소유하는지 여부와 관계가 없다. 그러나 먼 훗날 인간이 AI로봇의 권리를 인정하는 것이 아니라 AI로봇이 인간의 권리를 인정하는 형태가 될 수도 있다.

---

on Civil Law Rules on Robotics (2015/2103(INL)) (European Parliament, 16 February 2017) para 59(f).

7) S Chesterman, 'Artificial Intelligence and the Problem of Autonomy' (2020) 1 Notre Dame Journal of Emerging Technologies 210; S Chesterman, 'Through a Glass, Darkly: Artificial Intelligence and the Problem of Opacity' (2021) AJCL (forthcoming).

1. 법적인격의 개념

(1) 자연인

1) 자연인의 법적인격

자연인(Natural Person)은 근대 법제도 아래에서 권리능력이 인정되는 존재로서 인간이다. 그리고 인간은 이성을 가진 동물 또는 이성적 동물로 표현된다.[8]

과거 1789년 프랑스 혁명의 '인간과 시민의 권리 선언(Déclaration des droits de l'Homme et du citoyen)'[9]에서 인간의 권리라는 개념이 등장하였다. 사실 '인간이 어떻게 권리를 가질 수 있는가'하는 것은 어려운 문제이다. 근대 철학자들은 인간의 권리를 '자연의 권리'라고 표현하고 이 권리를 자연법이나 자연 상태와 같은 것으로 설명했다. 그러나 홉스의 "인간이 자연 상태에서 이미 권리를 갖고 있다는 생각",[10] 즉 자연 상태의 허구성이나 법과 권리를 단순히 자연에 근거한 것으로 보는 것은 다시 생각해볼 필요가 있다.

자연법은 인간에 의해 제정된 실정법으로 선과 악을 판단하고 사람들의 일상적인 행위를 다루는 규범으로 여겨졌다. 자연법사상은 고대 말기의 스토아파로 거슬러 올라갈 정도로 오랜 전통을 가지는데 본래 폴리스시대 고대 그리스인들은 자연(Physis)과 법(Nomos)을 결합된 하나의 관념으로 생각했다.[11] 즉, 자연과 법 사이의 단절이

---

8) 백종현, "인간 개념의 혼란과 포스트휴머니즘 문제", 철학사상 제58권, 서울대학교 철학사상연구소, 2015, p.128.

9) https://www.legifrance.gouv.fr/contenu/menu/droit−national−en−vigueur/constitution/declaration−des−droits−de−l−homme−et−du−citoyen−de−1789(2021.9.30. 최종방문).

10) 오수웅, "홉스와 로크의 자연권, 자연법 개념 비교연구: 리바이던과 통치론을 중심으로," 인권법평론 제1권, 전남대학교 공익인권법센터, 2007, p.146.

어려웠다.

그러나 이는 물과 기름을 섞어 놓은 것이나 다름없는 것이다. 정의와 평등 같은 원리는 인위적으로 만든 개념이지만 자연 상태는 동물들의 삶을 보면 알 수 있듯이 약육강식을 원리로 이루어진다. 법이나 권리를 자연에 근거하는 것으로 보는 것이 근대 자연법사상의 전개과정에서 점점 어려워지자 자연법의 개념에서 '자연'을 제외하려는 시도가 있었다. 루소의 '사회계약'에서는 모든 사람이 사회를 이루고 사회에 참여하는 사람이 동의하는 방식과 조건에 따를 필요가 있다고 하였다.[12]

이러한 변화는 자연법의 탈자연화, 자연법의 이성법화로 권리를 자연이 아닌 사회로부터 도출하려는 시도로 볼 수 있다. 즉, 사회에서 사람들이 서로의 인격을 승인하면서 권리가 형성되는 것이다. 그리고 더 나아가 자연법의 존재론적 기반과 법실증주의의 형식주의를 벗어나는 것이다.[13]

2) 법적인격의 내용

법적인격의 중요한 요소 중 하나로 권리능력을 들 수 있다. 권리능력이란 자신의 의지로 권리와 의무를 가질 수 있는 능력을 의미한다. 그러나 자연인은 나이와 질병, 장애로 인한 정신능력에 따라 제한된 권리능력을 가진다. 이러한 권리능력의 중요한 요소는 인간이 자신의 행동결과를 예견할 수 있는 재량능력이다.

「민법」은 "모든 사람은 법적 능력을 가지며 권리와 의무가 있다"

---

11) 성중모, "근대 유럽법사에 있어서 이성의 발전", 서울법학 제22권 제2호, 서울시립대학교 법학연구소, 2014, p.226.

12) 고봉진, "사회계약론의 역사적 의의－홉스, 로크, 루소의 사회계약론 비교－", 법과정책 제20권 제1호, 제주대학교 법과정책연구소, 2014, p.73.

13) 남기호, "독일 고전철학의 자연법(Naturrecht) 개념: 그 문자적 어원과 국가 이론의 기초 기능", 사회이론 제54호, 한국사회이론학회, 2018, p.21.

고 규정하고 있다. 그리고 모든 사람은 성별, 종교 등에 상관없이 권리능력을 가진다. 아이가 출생 직후에 사망하더라도 여전히 권리능력을 가진 것으로 인정된다. 왜냐하면 법적 능력의 중단은 결과적으로 사망증명서로 증명되고 사망과 함께 발생하기 때문이다.[14] 예를 들면, 대형 사고(침몰한 선박, 추락한 항공기)나 재난으로 생사가 불분명한 경우에는 판사가 사망 사실을 결정하거나 실종선고에 의해 사망 사실이 추정된다.[15]

(2) 법인의 법적인격

법인(Legal Person)은 법(Legal)에 따라 인격(Personality)을 부여받은 자연인 이외의 것으로 법률에 의해 일정한 범위에서 권리의무의 주체가 된다.[16] 이러한 법률적 성격은 모든 법체계에 기본으로 누가 권리와 의무의 대상이 될 수 있는지, 누가 행동할 수 있는지의 문제로, 다른 법률문제의 전제 조건이 된다. 결국 법적인격의 부여로 편리성을 확보하고 책임을 분리 및 제한하는 것이다.[17]

이러한 법인제도는 이미 중세부터 존재했으나 근대에 이르러 현저히 발달하였다. 법인제도는 유럽 민법(특히 독일 민법 초안)에서 먼저 도입되었다. 이러한 법인의 법제화와 함께 법인의 본질에 대한 이론도 발전하였는데 특히 법인이 사법에서 자연인 이외의 법적인격을 가진 존재로 등장하게 되었다.

법인이론 중 법인의제설(法人擬制說)은 "자연인에 의제하여 만들

---

14) 「민법」 제3조(권리능력의 존속기간) 사람은 생존한 동안 권리와 의무의 주체가 된다.
15) 「민법」 제28조(실종선고의 효과) 실종선고를 받은 자는 전조의 기간이 만료한 때에 사망한 것으로 본다.
16) 「민법」 제34조(법인의 권리능력) 법인은 법률의 규정에 좇아 정관으로 정한 목적의 범위 내에서 권리와 의무의 주체가 된다.
17) 김준호, 민법강의(제21판)-이론·사례·판례-, 법문사, 2015, p.123.

어진 가상적 존재"[18]로 법인을 파악하여 권리의무의 주체는 자연인에 한정되어야 하고 자연인 이외에 권리의무의 주체가 될 수 있는 것은 법률의 힘에 의해 자연인으로 의제된 것으로 본다. 법인부인설(法人否認說)은 구성원 개인이나 재산 외에 사회적 실체가 없고 구성원의 활동을 단일화하여 처리하기 위한 법적 귀속점으로서 법인 제도가 이용되고 있는 것에 지나지 않는다고 한다. 그리고 법인실재설(法人實在說)은 법인을 독립적인 인격체로 보고 사회적 실재임을 승인하고 있다. 이러한 다양한 논의는 결과적으로 법률문제에 영향을 미치지 않는다.[19]

그러나 이러한 것들은 좀더 면밀히 살펴보면 불확실성과 불일치의 문제가 드러난다. 예를 들면, 존 듀이(Jone Dewey)는 "법원과 입법자들은 법인의 본질에 관한 어떠한 개념이나 이론에 근거하지 않고 때로는 합의도 없이 자신들의 일을 한다"거나 "권리 또는 의무에 관한 특별한 문제를 용이하게 판단하기보다는 방해하기도 한다"고 했다.[20] 실제로 대부분의 법체계는 자연인과 법인의 두 가지 형태를 인정하고 있으며 자연인은 인간이라는 단순한 사실 때문에 인정받는다.[21]

이와는 대조적으로 법인은 법에 의해 특정한 권리와 의무를 부여받는 비인간적인 실체인데 일반적으로 기업과 같은 형태 이외에 종교, 정부, 단체 등도 법인으로서 활동할 수 있다. 또한 특별하게 비인간적인 실체가 인격권을 부여받기도 한다.

인도 우타라칸다(Uttarakhanda)주의 최고 법원은 갠지스(Ganges)

---

18) 지원림, 민법강의(제9판), 홍문사, 2011, p.100.
19) 송덕수, 신민법강의(제4판), 박영사, 2011, p.394.
20) Dewey, John. "The Historic Background of Corporate Legal Personality." The Yale Law Journal, vol. 35, no. 6, 1926, p.660(www.jstor.org/stable/788782, 2021.9.30. 최종방문).
21) N. Naffine, 'Who Are Law's Persons? From Cheshire Cats to Responsible Subjects'(2003) 66 MLR 346.

강과 그 주요 지류인 야무나(Yamuna)를 "권리를 보유한 생명체"로 선언하여 법적 지위를 부여하기도 했다.[22) 또한 뉴질랜드의 황가누이(Whanganui)강을 살아있는 존재로 인정하는 법안이 의회를 통과하면서 사람과 동일한 법적 권리를 부여받은 세계 최초의 강이 되었다.[23) 그리고 에콰도르의 생태계 전체[24)도 마찬가지의 경우이다.

2. 동물의 법적 지위

동물이 인간이 아니라는 것은 분명하지만, 최근 동물의 의인화로 법적 지위에 대한 변화가 진행되고 있다. 예를 들면, 뉴질랜드의 동물복지법은 대형 유인원을 인간이 아닌 비인류(Non-Human Hominids)[25)라 하고, 인간과 비슷하게 자기인식 능력이나 도덕적 인식능력을 지니고 있다고 하여 대형 유인원의 이용 조건과 이용을 제한하고 있다. 또한 아르헨티나 법원은 동물원에 갇힌 우랑우탄이 인간에 의해 잔혹 행위를 당했을 때 제한적으로 인간이 아닌 법인이라고 판결하였다.[26) 미국에서는 인간인 변호사를 통해 침팬지의 불법 투옥에 대한 반대할 권리를 옹호하고 영장류의 "법인" 신분에 대한 청문회를 허용했다.[27)

---

22) Sudipta Sen, Of Holy Rivers and Human Rights: Protecting the Ganges by Law, April 25, 2019.
23) New Zealand river first in the world to be given legal human status, 15 March 2017, BBC News(https://www.bbc.com/news/world-asia-39282918, 2021. 9. 30. 최종방문).
24) Constitution of the Republic of Ecuador 2008 (Ecuador) art 10.
25) Rowan Taylor, A Step at a Time: New Zealands Progress Towards Hominid Rights, 7 Animal L. 35 (2001), 2001.
26) 문정우, 코끼리, 구속적부심을 신청하다, 시사 IN 2019.03.07(https://www.sisain.co.kr/news/articleView.html?idxno=34048, 2021.9.30. 최종방문).
27) Chimpanzees granted petition to hear 'legal persons' status in court, the guardian, Wed 22 Apr 2015(https://www.theguardian.com/world/2015/apr/21/chimpanzees-granted-legal-persons-status-unlawful-imprisonment).

이와 같이 세계 여러 국가에서 동물의 의인화가 진행되고 있다. 그렇다면 법적 지위를 일부 동물에게 부여하듯이 AI로봇과 같은 새로운 실체에게도 가능할 것인지 생각해 보자.[28]

(1) 「형법」상 지위

우리나라의 「동물보호법」 제1조(목적)는 동물에 대한 학대행위[29]의 방지 등 동물을 적정하게 보호·관리하기 위하여 필요한 사항을 규정함으로써 동물의 생명보호, 안전 보장 및 복지 증진을 꾀하고, 건전하고 책임 있는 사육문화를 조성하여, 동물의 생명 존중 등 국민의 사상을 고양하고 사람과 동물의 조화로운 공존에 이바지함을 목적으로 한다.

한편, 1994년 개정된 프랑스 형법전에서는 동물에 대한 학대가 사람과 재산에 대한 죄가 아닌 '기타 죄'에 규정되어 있으며 더구나 '인간배아 보호에 관한 죄' 등과 같이 편재되어 있다. 이러한 점에서 동물이 사람과 재산(물건)으로 구별되어 사람에 근접하고 있음을 알 수 있다.[30] 그리고 일본의 형법에서는 타인의 물건을 손괴하거나 상

---

28) VAJ Kurki, A Theory of Legal Personhood, Oxford University Press, 2019, pp.127-152.
29) 「동물보호법」 제8조(동물학대 등의 금지)
  ① 누구든지 동물에 대하여 다음 각 호의 행위를 하여서는 아니 된다.
    1. 목을 매다는 등의 잔인한 방법으로 죽음에 이르게 하는 행위
    2. 노상 등 공개된 장소에서 죽이거나 같은 종류의 다른 동물이 보는 앞에서 죽음에 이르게 하는 행위
    3. 고의로 사료 또는 물을 주지 아니하는 행위로 인하여 동물을 죽음에 이르게 하는 행위
    4. 그 밖에 수의학적 처치의 필요, 동물로 인한 사람의 생명·신체·재산의 피해 등 농림축산식품부령으로 정하는 정당한 사유 없이 죽음에 이르게 하는 행위
30) 박정기, "동물의 법적 지위에 관한 연구", 법학연구 제51권 제3호, 부산대학교 법학연구소, 2010, p.36.

해한 자를 처벌하고 있다.[31] 일반적인 상해의 개념은 생명이 있는 사람을 전제로 하기 때문에[32] 동물도 상해의 객체가 될 수 있다는 의미로 생각할 수 있다.

그리고 동물을 법적인격체로 보고 동물을 위한 정당방위의 적용 가능성에 대한 논의가 있다. 즉, 동물의 법적 성격을 "법익으로 보호되는 이익의 보유자"로서 「형법」 제21조의 정당방위와 독일 형법 제32조의 정당방위의 타인의 개념에 포함하는 것이다.[33]

(2) 「민법」상 지위

우리나라의 「민법」상 동물은 유체물이며 동산이다.[34] 야생동물은 무주물로 간주된다. 동물은 권리의 객체로서 「물(物)」에 지나지 않는다. 그러나 동물학대나 유기의 방지, 동물에 대한 비인도적 처우의 개선, 동물권 보호 강화를 위해 최근 우리나라의 민법 개정안[35]에서는 「민법」상 물건 규정에 '동물은 물건이 아님'을 규정하는 조항[36]을 신설하여 동물과 인간이 공존하는 시대에 대비하고 있다. 그리고 유럽의 민법에서는 동물을 '생명을 가지지 않은 물건'과는 구별되는 존

---

31) 일본형법 제261조.
32) 「형법」 제257조(상해, 존속상해) ① 사람의 신체를 상해한 자는 7년 이하의 징역, 10년 이하의 자격정지 또는 1천만원 이하의 벌금에 처한다.
33) 강수경, "동물윤리의 토대에서 동물을 위한 정당방위와 긴급피난의 적용가능성 -독일에서의 논의를 중심으로-", 고려법학 제91호, 고려대학교 법학연구원, 2018, p.300.
34) 「민법」 제98조(물건의 정의) 본법에서 물건이라 함은 유체물 및 전기 기타 관리할 수 있는 자연력을 말한다.
35) 「민법 개정안」 일부 개정법률안 입법예고(법제처 https://www.moleg.go.kr/, 2021.9.30. 최종방문).
36) 민법 개정안 제98조의2 (동물의 법적 지위)
   ① 동물은 물건이 아니다.
   ② 동물에 대해서는 법률에 특별한 규정이 있는 경우를 제외하고는 물건에 관한 규정을 준용한다.

재로 보고 있다. 오스트리아 민법 제285조a,[37] 독일 민법 제90a조[38] 및 스위스 민법 제641a조 제1항[39]에서는 동물은 물건이 아니라는 규정이 마련되었다. 나아가 오스트리아 민법 제1332a조와 독일 민법 제251조 제2항에서는 동물의 재산적 가치를 초월한 치료비 청구가 인정되고 있다.

그리고 동물은 「민법」상 물건에 해당하지만 감정을 지니고 인간과 공감하는 능력이 있는 생명체로서 다른 물건과 구별된다고 하여 반려견의 사망으로 인한 정식적 고통에 대하여 위자료를 인정한 사례가 있다.[40] 이렇게 판례에서 동물에 대한 재산적 가치뿐만 아니라 그 이상의 인격적 가치가 부여되고 있다.

비록, 동물을 인간과 동일시하는 것은 어렵지만 동물을 법인으로 구성한다면 상당히 필요한 범위 내에서 동물의 권리능력을 인정할 수 있다. 따라서 동물의 법적인격의 문제는 입법론에 속하지만 동물을 재단과 유사한 법인으로 구성해 일정 범위에서 권리의무의 주체로 생

---

37) 오스트리아 일반민법(Allgemeines bürgerliches Gesetzbuch) § 285a.
   Tiere sind keine Sachen; sie werden durch besondere Gesetze geschützt. Die für Sachengeltenden Vorschriften sind auf Tiere nur insoweit anzuwenden, als keine abweichenden Regelungenbestehen(오스트리아 연방정부 법률시스템 https://www.ris.bka.gv.at/GeltendeFassung.wxe?Abfrage=Bundesnormen &Gesetzesnummer=10001622, 2021.9.30. 최종방문).

38) 독일 민법 § 90a Tiere.
   Tiere sind keine Sachen. Sie werden durch besondere Gesetze geschützt. Auf sie sind die für Sachen geltenden Vorschriften entsprechend anzuwenden, soweit nicht etwas anderes bestimmt ist. Vorschriften entsprechend anzuwenden, soweit ni cht etwas anderes bestimmt ist(독일 법무부 법령포털 http://www.gesetze-im-internet.de/bgb/index.html, 2021.9.30. 최종방문).

39) 스위스 민법(Schweizerisches Zivilgesetzbuch) Art. 641a.
   1. Tiere sind keine Sachen.
   2. Soweit für Tiere keine besonderen Regelungen bestehen, gelten für sie die auf Sachen anwendbaren Vorschriften(스위스 법령포털 https://www.fedlex.admin.ch/eli/cc/24/233_245_233/de, 2021.9.30. 최종방문).

40) 광주지방법원 2018. 5. 15. 선고 2017가단512394 손해배상.

각할 수 있다. 이에 대해 프랑스의 법학자 마르게노(Jean-Pierre Marguénaud)는 한정적이기는 하지만 법기술적인 면에서 동물 법인론을 주장하고 있다.41) 그리고 미국의 법학자 스티븐 M. 와이즈(Steven M. Wise)는 관습법의 기본권을 다른 동물에게도 합리적으로 확장하여 어느 정도의 인지 능력을 갖춘 동물에게 법적인격을 주어야 한다고 주장한다.42)

(3) 특수한 물건으로서 지위

근대 사법제도에서 동물은 물건(유체물)으로 분류되므로 권리의무의 객체에 해당하며 주체가 될 수 없다. 그러나 동물은 과거부터 인간과 공생해온 특성으로 인해 법률상 특별한 보호의 대상이 된다. 이는 다른 유체물에서 찾아볼 수 없는 동물의 법적 특수성이라 할 수 있다. 동물은 인간과 마찬가지로 감각·감정을 가진 생물이라고 인식되면서 많은 동물이 반려동물로 인간에게 길러지고 있으며, 그 중에는 진정한 의미에서 인간과 가족관계를 형성하고 있다.

소와 말 같은 동물은 과거부터 운송수단으로 활용되어 왔고 인간보다 뛰어난 후각을 가진 개는 탐지와 수색 등 수사분야에 활용되어 왔다. 또한 안내견의 경우와 같이 사람을 보조하는 측면에서 이용되기도 한다. 이러한 사실은 동물도 어느 정도의 지능을 갖추고 있으며 후각과 청각 등 일부 능력에 있어서는 인간보다 우월하다고 볼 수 있다.

---

41) 박정기, "동물의 법적 지위에 관한 연구", 법한연구 제51권 제3호, 부산대학교 법학연구소, 2010, pp.15-16.
42) Wongsaengchan, Chanakarn and McKeegan, Dorothy, The Views of the UK Public Towards Routine Neutering of Dogs and Cats. Animals, Vol. 9, Issue. 4, 2019, p.138.

3. AI로봇에 대한 법적인격의 부여 방법

(1) AI로봇의 자연인격과 법적인격

1) 자연인격의 확장

1776년 미국의 독립선언문(Declaration of Independence) 초안에는 "모든 인간은 평등하고 독립적으로 창조되고, 평등한 창조로부터 생명과 자유의 보존, 그리고 행복 추구와 같은 고유하고 양도할 수 없는 권리를 가지고 있다"고 선언하고 있다.[43] 또한 1789년 프랑스 국민회의가 선포한 '인간과 시민의 권리 선언'이라는 인권 선언에서도 국민으로서 누려야 할 권리에 대해 인간은 자유롭고 평등한 권리를 가지고 태어났다고 규정하고 있다.

그러나 그것이 절대적 사실은 아니었다. 19세기 장 자크 루소(Jean-Jacques Rousseau)의 사회계약에서는 인간은 자유로이 태어날 수도 있지만, 태어난 이후 인간은 자연적·인위적인 제도와 상호작용을 하며 묶여 있다고 보았으며, 그 이후 인간의 권리는 20세기 중반까지 점진적으로 확대되었다. 1948년 당시 세계 인구의 약 1/3인 7억 5천만 명이 제국주의의 지배하에 식민지인으로 살았음에도 불구하고[44] 세계 인권 선언(Universal Declaration of Human Rights)에서는 모든 인간들이 태어날 때부터 자유로우며, 누구에게나 동등한 권리가 있다고 규정하고 있다. 이러한 인간의 권리 확대 운동은 1948년부터 1990년까지 지속된 남아프리카 정부의 차별적인 인종 정책인 아파르

---

43) The Papers of Thomas Jefferson. Vol. 1, 1760-1776. Ed. Julian P. Boyd. Princeton: Princeton University Press, 1950, pp.243-247.

44) https://www.un.org/en/observances/non-self-governing-week(2021.9.30 최종방문).

트헤이트(Apartheid)의 종말[45]과 여성의 해방운동, 그리고 기타 다른 운동들로 이어졌다.

2) 법적인격의 확장

AI로봇과 자연인의 차이를 비교하여 AI로봇에게도 법적인격의 부여가 가능한지를 설명할 수 있다. AI로봇은 생명이 없고 육체가 없어 자의적으로 행동할 수 없다. AI로봇의 알고리즘(Algorithm)은 자동복사가 가능하지만 알고리즘(Algorithm) 매체를 스스로 만드는 것은 현 시점에서 생각하기 어렵다.

그러나 강인공지능(Strong AI)이 인간을 대신하여 모든 일을 처리할 수 있게 된다면 자연인을 대신할 수 있을지 생각해볼 필요가 있다.

근대 사법이 제정될 때 전제된 사람의 모델은 호모 이코노미쿠스(Homo Economicus)라고 말할 수 있다. 호모 이코노미쿠스(Homo Economicus)는 합리적인 판단으로 자신의 이익을 최대화할 수 있는 지성과 이성을 갖추고 스스로의 의사에 의한 자유롭고 자율적으로 사법관계를 형성할 수 있는 인간을 뜻한다. 그리고 호모 이코노미쿠스(Homo Economicus)는 인간의 사고와 경제의 밀접성을 고려한다.[46]

그러나 이러한 근대법적인 인간상은 강하고 합리적인 인간으로부터 거리가 멀어지고 있다. 일반적으로 타인에게 쉽게 영향을 받고, 경솔하고 마음도 약한 인간, 즉 어리석은 인간으로 생각할 수 있다. 이러한 입장에서 현재의 「민법」은 현실적이다. 개개인의 이성, 신체능력, 경제력이나 사회적 지위 등을 묻지 않고 출생한 자연인 모두에게 권리능력을 인정하고 있기 때문이다. 「민법」은 자신의 주변 사

---

45) Carola Lingaas, The Crime against Humanity of Apartheid in a Post−Apartheid World, Oslo Law Review, Issue 2, 2015, pp.86−115.
46) Colombo, R. J., EXPOSING THE MYTH OF HOMO ECONOMICUS, Harvard Journal of Law and Public Policy, 32(2), 2009, pp.737−765.

정을 적절히 인식하기 어려운 유아와 장애·질병·노화 등으로 인식·판단 능력이나 육체적 기능이 낮은 성인에 대해서도 권리능력을 부정하지 않는다.

모든 사람에게 권리능력을 부여하는 것은 자신의 법률관계와 관련된 모든 사항을 정확하게 인식하고, 그에 따라 합리적으로 판단하고 그 판단의 내용을 실행하는 능력이 요구되는 것은 아니다. 이들 중 하나가 불충분하거나 일부가 누락되어도 권리능력을 인정하는 데 결정적인 지장이 되지 않는다.

이러한 근대 사법제도는 반드시 합리적이고 완벽한 인간만을 전제로 하지 않으나 AI로봇이 근대 사법제도에서 전제하고 있는 사회로부터 벗어난 존재인 것은 사실이다. 그러한 AI로봇에게 권리능력을 부여하는 것이 법적·기술적으로 가능할까?

우선, 권리능력을 일반화하는 데 있어서 경제인을 바탕으로 한 자연인 이외의 존재에 대한 권리능력의 승인이 적극적으로 작용한다. 즉, 현실을 벗어난 경제인으로 상정됨으로써 실제 개개인의 지성과 이성의 정도, 경제력, 사회적 지위 등 모든 사람에게 법적인격을 인정하게 된 것이다.

그러한 의미에서 근대 사법에서의 법적인격은 추상적 성질을 가지고 있다. 이것을 구체화하기 위해서 사회전체(인간성)라는 법률 무대에서 개개인의 지위와 역할을 부담하는 것이 법적인격이라 생각할 수 있다. 이렇게 생각한다면 인간성과 관계가 없는 법적인격은 법률상 특별한 자격이기 때문에 자연인이 아닌 AI로봇에게도 권리능력을 인정할 수 있다.

특히 인간의 구성 집단에서 벗어나 일정한 목적을 가지고 재산에 의해 구성된 재단법인에 있어서도 마찬가지이다. 이러한 법적인격의 추상적 성질을 바탕으로 AI로봇에게 권리능력을 인정하는 것은 권리능력의 성격을 규정하는 제도와 모순을 초래하지 않는다고 생각한다.

역설적이지만 AI로봇이 자연인이 아니라는 점은 권리능력을 부여할 때 지장을 줄 수도 있다. 자연인이라면 법아래 평등이라는 기본원칙[47])이 「헌법」상 요구되고 그것은 「민법」과 같은 사법 영역에서도 변함이 없기 때문이다.

그러나 법인의 권리능력은 법령의 규정이나 정관 등에서 정한 목적에 따라 권리와 의무의 범위가 한정되어 있다. 즉, 법인의 능력은 한정적일 수 있다는 것이 자연인과 근본적으로 다르다. 이러한 점은 AI로봇에 대해서도 유사하게 적용하여 AI로봇의 기능이나 역할에 따라 한정적인 권리능력만을 부여하는 것이 하나의 선택사항이 될 수 있다.

물론 「민법」 제34조와 관련하여 권리능력에 대한 해석상의 몇 가지 문제가 있다. 한정된 법인의 능력이 권리능력인지, 법인 유형별로 한정할 때의 기준이 다른지, 혹은 능력의 한정은 불법행위 책임의 성립 범위에 영향을 미치는지는 논의의 대상이다.[48]) 다만 「민법」 제34조는 법인의 권리능력을 한정하는 것으로 보고 그 자체가 자연인 이외의 법적 주체의 권리능력을 한정할 수 있음을 나타내고 있다.

3) 동물의 지위변화와 AI로봇의 법적인격의 가능성

인간은 과거부터 동물과 같이 생활해 왔다. 필요에 따라 동물은 인간의 노동력을 대체하기도 하고 동물의 뛰어난 능력은 특별한 분야에 활용되기도 한다. 그럼에도 동물은 특별한 법적지위가 인정되지 않고 소유물로만 인정되었다.

하지만 감각과 감정을 보유한 생물로 그 가치가 높아지면서 동물의 지위에 대한 변화가 나타나고 있다.

---

47) 「헌법」 제11조 제1항에서는 모든 국민은 법 앞에 평등하고, 누구든지 성별·종교 또는 사회적 신분에 의하여 정치적·경제적·사회적·문화적 생활의 모든 영역에 있어서 차별을 받지 아니한다고 규정하고 있다.

48) 가정준, "영미법상 법인의 권리능력과 행위능력에 대한 고찰—Ultra Vires Doctrine을 중심으로—", 민사법학 제48권, 한국민사법학회, 2010, pp.36–38.

동물이 감정·감각은 물론 자기인식 능력을 가진 존재로 생각됨에 따라 동물을 특별히 보호하기 위하여 「동물보호법」에서는 동물의 생명보호, 생명존중 등을 규정하였고, 「형법」에서는 동물을 법적으로 인격을 갖춘 것으로 보고 사람을 전제로 하는 상해죄의 객체와 정당방위의 타인의 개념에 포함시키려 하고 있다. 그리고 「민법」에 의해 물건이 아닌 인간과 공감하는 능력을 보유한 생명체로서의 가치와 인격적 가치가 부여되고 있다.

AI로봇과 인간이 함께한 지 반세기가 지났다. 인간은 AI로봇을 농업, 의료 등 산업의 각 분야에서 이용하고 그것은 생산성 향상으로 이어졌다. 최근에는 더욱 다양한 AI로봇이 인간 생활의 곳곳에 이용되어 인간의 대화 상대가 되거나 인간과 상호작용하는 것을 생각해 볼 때 이제는 AI로봇과 인간이 공존하는 시대라 할 수 있다.

대표적인 예로 우리나라의 토키(Toki),[49] 미국 톰봇(Tombot)사의 제니(Jennie),[50] 중국 엘리펀트 로보틱스(Elephant Robotics)사의 마스캣(MarsCat),[51] 일본 그루브X(Groove X)사의 '러봇(Lovot)'[52]과 같은 반려동물 로봇이 인간과 감정을 교류하고 반려동물과 같이 상호작용을 하며 공존하고 있다.

나아가 이러한 반려동물 로봇이 인간과의 상호작용에서 데이터를 수집하고 분석하여 인간의 표정, 눈의 움직임, 행동에서 얻은 정보

---

49) 토키(Toki)는 우리나라의 한컴그룹에서 제작한 인간과 상호작용이 가능한 반려 로봇이다(http://www.hancom−toki.com/html/korean/01.html, 2021.9.30 최종방문).
50) 제니(Jennie)는 미국 톰봇(tombot)사가 제작한 반려견과 유사한 동물 로봇이다(https://tombot.com/, 2021.9.30. 최종방문).
51) 마스캣((MarsCat)은 중국 엘리펀트 로보틱스(Elephant Robotics)사가 제작한 고양이의 행동을 모방하는 반려묘이다(https://www.elephantrobotics.com/en/mars−en/, 2021.9.30. 최종방문).
52) 러봇(Lovot)은 일본 그루브X(Groove X)사가 제작한 고성능의 센서를 통해 인간과 교감이 가능한 인형형태의 반려 로봇이다 https://groove−x.com/ (2021.9.30 최종방문).

를 과거의 정보와 합쳐서 자신의 생각을 표현하고[53] 인간의 생각을 예측하여 행동한다면, 즉 동물과 같은 반응을 보인다면 AI로봇과 동물의 차이점은 크게 없다고 할 수 있다.

따라서 동물이 인간 삶에서 차지하는 지위의 변화를 참조하여 AI로봇에게 새로운 법적 지위를 부여하고 새로운 존재로서 인정하는 것이 가능하다.

(2) 트랜스휴머니즘적 접근

인간과 AI로봇의 법적인격의 다른 측면으로 트랜스휴머니즘(Transhumanism)이 있다. 이는 기술발전으로 인해 앞으로 의미가 커질 수 있다. 트랜스휴머니즘(Transhumanism)은 많은 사람들에게 비현실적일 수 있으나 새로운 기술의 등장이 이를 뒷받침하고 있다.

트랜스휴머니즘(Transhumanism)은 많은 정의를 가지고 있지만, 이 개념은 1957년 줄리안 헉슬리(Julian Huxley)의 출판물에서 등장하였다. 그는 "인간은 원한다면 스스로를 초월할 수 있고 인간 본성의 새로운 가능성을 실현함으로써 인간으로 남지만 자신을 초월하여 새로운 종류의 존재의 문턱에 서게 될 것이다"라고 하였다.[54] 그리고 닉 보스트롬(Nick Bostrom)은 트랜스휴머니즘(Transhumanism)에 대하여 "기술의 발달로 유기체로서 인간이라는 조건을 향상시킬 수 있는 기회를 이해하고 평가하기 위해 학문 간 접근을 촉진할 수 있는 유전공학, 정보기술 그리고 나노기술이나 인공지능(AI)과 같은 미래 기술"이라고 하였다.[55]

---

53) Joshua Zonca · Anna Folsø · Alessandra Sciutti, The Role Of Reciprocity in Human—Robot Social Influence, iScience 24, 103424, 2021, pp.1—5.
54) Huxley, Julian, Transhumanism, Journal of Humanistic Psychology—J HUM PSYCHOL. 8, 1968, pp.73—76.
55) Bostrom, N., Human genetic enhancements: A transhumanist perspective.

앞으로 인간은 뇌 자체에 이식된 컴퓨팅 장치를 포함하여 인간이 가질 수 있는 많은 기술을 갖추고 생물학적인 존재에서 기술기반의 존재로 변화되어 기술의 법칙에 따라 진화할 수 있다.[56] 결국 트랜스휴머니즘(Transhumanism)은 기술의 발전에 따라 인간의 기계화가 이루어지고 인간 이외의 다양한 지적 존재가 함께 공존하는 것이다.[57]

2017년 루게릭병으로 알려진 운동신경원 병(Motor Neuron Disease) 진단을 받은 영국의 로봇공학자 피터 스콧 모건(Peter Scott-Morgan)은 "나는 계속 진화할 것이다. 인간으로서 죽어가지만, 사이보그(Cyborg)로 살아갈 것이다"라고 말을 하며, 세계 최초의 사이보그(Cyborg)가 되기로 공언했다. 그의 연설은 합성되었고, 얼굴은 실제와 유사한 아바타로 만들어졌다.[58] 트랜스휴머니즘(Transhumanism)의 생각은 사이보그(Cyborg)나 뇌-컴퓨터 간섭을 거부하지 않는다.

이러한 관점에서 미래에는 생체공학 보형물 또는 3D 프린트(3D Printing)로 만들어진 인체기관[59]이 트랜스휴머니즘(Transhumanism)의 도구로 여겨질 수 있다. 게다가 인공지능(AI)의 기술로 생물학적 능력의 향상을 얻는 것도 가능하다. 예를 들면, 마이크로소트프(Microsoft)사의 앱 'Seeing AI'는 사람의 얼굴을 인식하여 시각장애인에게 외모에 대한 설명을 제공하고 있다.[60]

Journal of Value Inquiry, 37(4), 2003, pp.493-506(http://www.proquest.com.ssl.proxy.yongin.ac.kr:8080/scholarly-journals/human-genetic-enhancements-transhumanist/docview/203909549/se-2?accountid=29139).

56) Barfield W., The Technological Future. In: Cyber-Humans. Copernicus, Cham, 2015(https://doi.org/10.1007/978-3-319-25050-2_1).

57) 박성원·최종화·진설아, "트랜스휴머니즘 부상에 따른 사회변화와 과학기술 정책이슈 탐색", STEPI Insight 제202호, 과학기술정책연구원, 2016, p.9.

58) https://www.independent.co.uk/news/science/cyborg-scientist-first-motor-neurone-disease-peter-scott-morgan-a9201436.html, 2020. 04. 20.

59) Dinusha MENDIS - Ana SANTOS-RUTSCHMAN: 3D printing of body parts is coming fast- but regulations are not ready(https://theconversation.com/3d-printing-of-body-partsis-coming-fast-but-regulations-are-not-ready-128691, 20 April 2020).

이러한 트랜스휴머니즘(Transhumanism)은 '약한 트랜스휴머니즘' 과 '강한 트랜스휴머니즘'으로 구별할 수 있다. 약한 트랜스휴머니즘 (Transhumanism)의 경우 로봇(Robot) 보철물 사용 등으로 강화 효과가 있는 반면, 강한 트랜스휴머니즘(Transhumanism)은 유전공학처럼 인체의 유의미한 향상을 의미한다. 트랜스휴머니즘(Transhumanism)은 장애인들이 전보다 더 잘 살도록 도와주는 측면에서 긍정적일 수 있지만, 부정적인 측면도 있다. 인간의 능력을 향상시킬 수 있는 AI로봇은 인간의 윤리적 또는 도덕적, 심지어 낙태나 안락사만큼의 사회적 우려를 불러일으킬 수 있다.

인간의 생물학적 진화는 기술 덕분에 향상될 수 있지만 인간으로서의 정체성과 도덕적 지위에 대한 질문이 제기되고,[61] 더욱이 가장 근본적인 문제, 즉 인간의 존엄성에 대한 권리로서 긍정적-부정적 차별을 제기할 수도 있다. 결국 기술 발전에 따라 법적인격이 영향을 받을 수 있다. 인간은 AI로봇이 의식이 있다고 말할 수 있을 정도로 진화하면 그들을 동등하게 취급할 것인지 아니면 그들을 구별하여 법에 의한 차등을 할 것인지 결정해야 한다.[62] 이러한 트랜스휴머니즘 (Transhumanism) 또한 인간의 주체성을 향한 근대 철학 이념과 과학기술의 발전과 결합[63]이라 할 수 있기 때문이다.

---

60) Microsoft's Seeing AI app expands horizons for blind and low vision users, 16 November, 2017(https://news.microsoft.com/en−au/features/microsofts− seeing−ai−app−expands−horizons−blind−low−vision−users/, 2021.9.30 최종방문).
61) Cordeiro J.L., The Boundaries of the Human: From Humanism to Transhumanism. In: Lee N. (eds) The Transhumanism Handbook, Springer, Cham, 2019(https://doi.org/10.1007/978−3−030−16920−6_3).
62) Barfield W., The Law of Looks and Artificial Bodies. In: Cyber− Humans. Copernicus, Cham, 2015(https://doi.org/10.1007/978−3−319− 25050−2_7)
63) 이종관, 포스트휴먼이 온다−인공지능과 인간의 미래에 관한 철학적 성찰, 사월의 책, 2017, p.33.

(3) 철학적 접근에서 기술적·법률적 본질의 접근

법의 주된 목적은 인간의 복지와 이익을 증진시키는 것이지만 인간만이 유일한 법의 수혜자라고 할 수는 없다. 과거 철학자, 과학자, 이론가들이 철학의 본질에 일반적으로 통용되는 이론을 법에도 제공하기 위해 여러 가지 노력을 기울였으나 성공하지 못했다. 왜냐하면 철학적 성격은 주로 인간에게 적용되고, 법적 실체를 가진 기업이나 의인화된 동물 등에는 적용되지 않았기 때문이다.

그러나 법적성격의 정의는 철학적 개념에서 파생되므로 혼란을 최소화하는 방법을 선택하여 접근해야 한다. 예로써 개체의 형이상학적 특성에 초점을 맞출 수 있는 개체 중심의 방법론을 들 수 있다. 이 방법론은 법적인격의 실체가 어떤 속성을 가져야 하는지를 해결하는 것을 목적으로 한다. 이러한 목적을 바탕으로 이성적이고 도덕적 인격과 법적인격 사이의 정체성에 합법적인 성격을 부여하는 것이다. 이 접근법의 장점은 가장 쉽게 이해할 수 있는 방법론이며 인간과 인공지능(AI)의 공존을 합법화하는 것이다.

현대 사회의 기술은 빠르게 변화하고 있어 현행 법체계에서 적응형 개혁이 나타난다. 현재의 법체계는 기술의 발전에 의해 제기된 인간 사회의 법적인 문제들에 대한 해결책을 찾을 수 있다. 그리고 현재의 법은 모든 법인에 대한 인격의 속성을 설명하는 방법론이 수립되어 있다. 그 이론은 이성적인 모든 실체의 자율성은 법적성격으로 귀속된다. 법적인격을 AI로봇에 귀속시키는 것은 가능하지만 어떤 경우에도 그렇게 하지 않는다. 왜냐하면 법적인격은 기업 등의 법적성격과는 개념적으로 다르기 때문이다.

AI로봇이 지각적 존재로 성장할 때 그들에게 권리를 부여하는 것이 인간의 의무이며 AI로봇의 법적인격을 확대하는 것 또한 현재 법체계의 실질적인 변화 없이 이러한 기술적 변화에 대비하는 것이 된다. 또한 이것은 기술이 발전된 현대 사회와 법체계가 멀어지지 않도록 보장하는 것이다.

제 3 절 **AI로봇의 행위성**

현재의 법체계에서는 행위와 귀속, 책임이라는 개념은 변하기 어려우므로 AI로봇에 적용될 가능성을 찾기가 쉽지는 않다. 비록 AI로봇이 자율적으로 행동한다고 하여 반드시 법적인 행위로 평가되기 어렵기 때문에 행위결과의 귀속 대상이 없거나 책임이 인정될 수 없을 것으로 생각할 수 있다.

그러나 이것은 법제도가 AI로봇에 의해 발생된 위험에 대하여 책임을 인정할 가능성을 완전히 배제해 버리는 것이다. 따라서 인간과 AI로봇 사이에 그러한 차이를 인정하는 것에 다른 이유가 있는지 생각해 볼 필요가 있다. 결국 인간의 행위에 대하여 적용 가능한 개념을 AI로봇에 적용하는 데에 주저하는 것은 인간이 유일무이한 존재라고 생각하기 때문이다.

따라서 행위와 귀속, 책임이라는 개념의 의미와 내용이 과연 불가변한 것인지 또는 확장적으로 해석하거나 새로운 의미가 부여될 수 있는지에 대하여 설명한다.

1. AI로봇의 행위와 자율성

AI로봇에 있어서 자율성이라는 용어의 의미가 어떻게 사용되고 있는지 살펴본다. 자율성에 대해 정의하기는 어렵지만 '주체로서의 AI

로봇의 행위'와 철학적 의미의 '인격적 자율성(Personal Autonomy)'의 관점에서 설명할 수 있다.

인격적 자율성은 주로 인간의 자율성에 대하여 논의할 때 사용하는 개념으로 자기 결정에 관련되는 것이다.[64] 다만 자율성이라는 용어를 사용할 때에는 두 가지의 관점이 있다.

첫째, 행동의 자율성이다. 이것은 행위자가 외부 환경로부터의 통제를 받지 않고 행동한다는 점에서의 자율성을 말한다. 즉 행동의 자율성은 얼마나 통제를 받고 있는가 하는 정도의 문제로 평가된다.

둘째, 심적인 자율성이다. 이것은 행위자 자신의 의도나 목적에 따른 선택으로 심적 상태가 행동으로 나타난다는 점에서의 자율성이다. 심적인 자율성은 외부로부터의 통제를 벗어난 자율성으로 선택된 행동의 결과를 가져오는 행위자의 심적인 상태이다. 이러한 두 가지 관점에서의 자율성은 서로 다른 의미가 있으나 같은 자율성이라는 용어로 표현되고 있어 자율성이라는 용어의 사용에 혼란을 초래하고 있다.

행동의 자율성과 심적인 자율성의 관계를 보면, 심적인 자율성에서는 욕구나 의도와 같은 심적 상태가 그 행위자의 행동을 낳는 것이다. 이것은 심적 상태가 행동을 통제하고 외부의 간섭에 의하지 않는 행동의 자율성을 실현한다. 즉, 완전한 행동의 자율성에는 심적인 자율성이 필요하고 심적인 자율성 없이는 완전한 행동의 자율성은 실현될 수 없다.

그렇다면 AI로봇과 같이 심적인 자율성이 없는, 사전에 설계된 프로그램으로부터 독립된 행동의 자율성이 가능할까?

---

64) Buss, Sarah and Westlund, Andrea, "Personal Autonomy", The Stanford Encyclopedia of Philosophy (Spring 2018 Edition), Edward N. Zalta (ed.) (https://plato.stanford.edu/cgi-bin/encyclopedia/archinfo.cgi?entry=personal-autonomy(2021.9.30. 최종방문).

AI로봇의 개발은 다양한 분야에서 다른 목적으로 이루어지고 인간의 지적 능력을 참고해서 그 능력을 실현한다. 따라서 AI로봇 분야의 다양한 연구의 방향성에 있어서 한마디로 자율성을 정의하기는 어렵다. 그러나 자율성의 개념을 AI로봇의 각각의 개발목적에 따른 자율성이라고 가정한다면 행동의 자율성은 통제의 정도(심리적 자율성)로부터 정해질 수 있다.

그리고 AI로봇에 있어서의 자율성이라는 용어는 자율성의 어떤 특징을 받아들이느냐에 따라 달라질 수 있으므로 다양한 환경에 대처하고 행동할 수 있으며 사용목적에 따른 행동의 다양성을 행동의 자율성이라고 할 수 있다.

2. AI로봇의 행위능력

AI로봇이 인간과 같이 행동하고 인간의 언어를 모방하거나 주위의 외부 환경에 영향을 주는 것이 가능하다고 하더라도 그러한 행동을 '의사에 의해 제어된 것'이라고 할 수 있는지는 분명하지 않다. 그리고 AI로봇의 독자적인 행위성을 인정하려면 인간의 의사에 상응하는 것이 AI로봇에 존재해야 하기 때문이다.

다른 한편으로는 AI로봇의 프로그램 설계자 또는 이용자의 의사에 주목하게 되면 AI로봇이 아닌 '배후에 존재하는 인간'이 AI로봇의 행동을 결정한다. 따라서 인간이 AI로봇을 일종의 도구로 사용하는 것으로 그 행동에 따른 결과는 인간의 책임이다.

고성능 인공지능(AI)이 장착된 드론(Drone)이 무고한 사람을 공격하고, 운전자가 없는 완전 자율주행자동차가 스스로 운행 중에 보행자를 치어 사망케 한 경우에 외형상으로는 AI로봇의 행위라고 할 수 있겠지만 과연 「형법」상의 행위라고 평가할 수 있을까?

형법이론에서 중요한 전제가 되는 것은 자유의사이다. 즉, 인간은 자신의 행동을 자유롭게 결정할 수 있다는 것이다.

인과적 행위론의 입장에서는 행위를 모든 임의적인 신체적 동작으로 평가한다.[65] AI로봇이 임의로 행위를 할 수 있는지 문제가 되지만, 인과적 행위론에서도 의사의 제어에 대해서는 상당한 수준을 요하는 것은 아니다. 즉 제어할 수 없는 조건반사적인 행위와 마찬가지로 단순히 반사적으로 반응한 경우나 인간에 의해 물리적 도구로 이용되는 경우에는 임의성이 부정된다.

이에 반해서 목적적 행위론에서는 인간의 행위는 행위자가 목적지향적 의사를 표현하는 경우에만 「형법」상 행위로 평가되고 의미를 가지게 된다.[66] 목적적 행위론에서는 AI로봇이 스스로 의도적으로 목표를 설정하고 그 목표의 설정에 따라 행동했다고 하더라도 「형법」상의 행위로 평가하기는 어렵다.

그러나 AI로봇의 행위가 외형상으로 인식에 근거한 신체적 동작이라고 가정한다면 행위성을 인정할 수 있다. 이를테면, AI로봇을 제어하는 프로그램을 예로 들 수 있다. 가장 단순한 프로그램으로 '~의 경우 → ~한다'라고 입력하면 AI로봇은 A와 같은 상황에서 B와 같은 행동을 하고 C와 같은 상황에서는 D라는 행동을 하게 된다.

인간도 일정한 경우에 특정한 행동을 취한다는 점과 AI로봇의 행동을 입력된 프로그램에 의한 결과라고 한다면 이것은 프로그램에 의한 의사의 제어라고 할 수 있다.

---

65) 임석순, "형법상 인공지능의 책임귀속", 형사정책연구 제27권 제4호, 한국형사정책연구원, 2016, p.74.
66) 권영법, "형법상 행위론에 대한 비판적인 고찰 – 종래의 행위론에 대한 검토와 통합적 행위론의 제안을 중심으로 – ", 저스티스 통권 제138호, 한국법학원, 2013, p.253.

3. AI로봇의 행위능력 확장

인간의 자유의사를 전제로 행위성을 인정하는 입장에서는 인간 이외의 새로운 'AI인(人)', 즉 AI로봇의 행위능력에 대한 인정 여부는 어떠한 입장을 취하는가에 따라 달라진다.[67] 그리고 인간을 전제로 한 자유의사는 오늘날 인간의 의식 형성과정을 과학적으로 증명할 수 있음에도 자유의사의 문제는 인간의 의식 밖의 문제이거나 과학적으로 증명할 수 없다고 한다. 그리고 자유의사는 책임의 전제가 되며 논리적으로 필요하기 때문에 인간의 자유의사라는 것을 입증할 수 없음에도 인간에게 자유의사가 있다는 것을 전제로 해야 한다고 주장한다.[68]

그러나 인간과 같은 지적능력이나 인간을 뛰어넘는 능력을 가진 AI로봇이 스스로 의사를 결정하고 목표를 설정하는 것이 가능하다면, AI로봇의 행위는 자유의사가 전제된 인간의 의사에 기한 행위와 유사하고[69] AI로봇의 행위능력을 인정할 수 있다.[70] 따라서 자율적인 AI로봇에 대해서는 어떤 형태로든 행위능력을 인정하는 것이 불가피하다. 다만, AI로봇에게 일정한 경우 행위능력을 인정한다고 하더라도 AI로봇이 범죄를 범하도록 인간이 프로그램을 설계한 경우와 악의적인 해킹으로 새로운 프로그램이 입력된 경우, 그리고 프로그램 자체에 오류가 발생한 경우와 같이 저항할 수 없는 강제적 요인이 개입된

---

67) 박광민·백민제, "인공지능 로봇의 범죄주체성과 형사책임의 귀속", 법학연구 제20권 제4호, 인하대학교 법학연구소, 2017, pp.162–163.
68) 허일태, "형법에서 의사의 자유와 책임", 법학연구 제64권, 전북대학교 법학연구소, 2020, p.27.
69) 윤지영·김한균·감동근·김성돈, "법과학을 적용한 형사사법의 선진화 방안 (Ⅷ): 인공지능기술", 한국형사정책연구원, 2017, p.242.
70) 이인곤·강철하, "인공지능 로봇의 형사법이론 체계에 관한 일고－범죄능력 형사책임능력을 중심으로－", 법학연구 제71권, 한국법학회, 2018, p.27.

경우에는 AI로봇의 행위능력을 부정해야 한다.

제4절 AI로봇의 형사책임

AI로봇이 인간이 입력한 프로그램과 독립적으로 행동하여 범죄를 저지르면 과연 법으로 어떻게 대처해야 할까? 이러한 문제에 대하여 법의 해석론이나 입법론으로 결론을 내리려면 학문 간의 공동연구가 필요하다.

우선 법학의 범위 내에서 논의와 연구를 해야 한다. 여기에서 연구해야 할 법적 문제는 준자율적 또는 자율적 AI로봇의 설계자와 제조자, 이용자에 대한 법적 책임과 AI로봇 자체에 대한 법적 책임으로 구분할 수 있다. 전자의 경우에는 설계자 또는 제조자, 이용자가 책임을 부담하게 되므로 AI로봇의 범죄주체성에 대한 문제는 생기지 않는다. 그러나 후자의 경우는 인간의 개입 없이 스스로 행동하는 AI로봇에 대하여 범죄주체성을 인정할지 여부가 문제가 된다.

현재에는 자율형 AI로봇의 상용화가 현실화되지 않아 시급한 과제가 아니므로 AI로봇 자체에 대한 법적 책임을 논하는 것이 시기상조라고 생각할 수도 있다.[71] 그러나 가까운 미래에 우리 사회가 직면하게 될 문제라는 점에서 AI로봇의 법적 책임에 대한 논의는 형법학의 중대한 문제이다. 나아가 AI로봇 자체의 범죄주체성이 인정된다고 한다면 행위능력과 책임능력, 수형능력도 생각해야 한다.

인공지능(AI)이 장착되어 자율적으로 판단하고 행동하는 로봇(Robot)에 적용할 수 있는 법제도를 정비할 필요성은 먼 장래의 일이

---

71) 박수곤, "자율적 지능 로봇의 법적 지위에 대한 소고", 법학논총 제31권 제2호, 국민대학교 법학연구소, 2018, p.69.

아니라 바로 눈앞으로 다가오고 있다.[72]

1. 자율형 AI로봇의 형사책임

자율형 AI로봇이 스스로의 판단과 행동으로 사람의 생명이나 신체, 재산 등의 법익을 침해한 경우에 그 AI로봇에게 어떠한 처벌을 할 수 있을지, 처벌을 한다면 어떤 근거로 처벌이 가능한지 문제가 된다. 예를 들면, 인공지능(AI)이 장착된 자율주행자동차가 주행 중에 갑자기 보도를 침범하여 다수의 사상자가 발생한 경우에 AI로봇(또는 그 변호인)이 "나는 절차에 따라 움직이는 시스템(알고리즘)이기 때문에 사람을 살해하더라도 형사책임은 질 수 없다"라고 주장한다면 이에 대해 어떻게 대응해야 할까?

(1) 자율형 AI로봇의 과실 법리

1) 과실범 이론

과실은 부주의한 행위로 주의의무를 게을리한 그 자체와 부주의하게 행해진 과실행위로 구분하여 생각할 수 있다. 「형법」에서 과실범은 정상적으로 기울여야 할 주의(注意)를 게을리하여 성립하는 범죄이다. 다만 이러한 과실범은 법률에 특별한 규정이 있는 경우에 처벌한다.[73] 과실범의 주의의무는 자신의 행위로부터 위험을 예견하고 그

---

72) 이승민, "자율주행자동차 최근 동향 및 시사점", 주간기술동향 제1842호, 정보통신기술진흥센터, 2018, p.16.
73) 「형법」 제14조에서는 정상적으로 기울여야 할 주의(注意)를 게을리하여 죄의 성립요소인 사실을 인식하지 못한 행위는 법률에 특별한 규정이 있는 경우에만 처벌한다.

결과에 대한 회피의무를 내용으로 한다. 즉, 행위자의 행위가 주의의무 위반으로 평가되는 경우 일반적으로 과실범이 성립한다. 그러나 행위자가 주의의무를 준수하여도 결과를 회피할 수 없다면 그 주의의무 위반을 근거로 과실범의 성립을 긍정할 수 없다.

과실범의 주의의무 위반은 법철학적 논의에서 비롯되어 의사결정론과 의사비결정론의 대립이 그 시초이다.[74] 이러한 과실범의 본질에 대하여 과실범은 행위자 스스로 부주의에 의해 발생하는 것이므로 다른 요소를 고려하지 않고 오로지 주관적인 면에 초점을 맞추는 구과실론과 과실범의 본질은 법에 규정된 주의의무를 다하지 않은 행위자의 객관적 태도에 있다는 신과실론이 있다.[75] 그리고 주의의무의 기준을 행위자의 구체적인 능력과 사정을 고려하지 않고 개인이 속한 사회의 객관적인 기준을 바탕으로 정하는 추상적 과실론과 행위자의 개인적인 능력과 사정을 바탕으로 주관적인 입장에서 그 기준을 정하는 구체적 과실론이 있다.[76]

행위자의 주관적인 요소를 고려하는 구과실론에서 행위는 자의적인 것으로서 인과적인 원인이 된다는 정도만 고려한다.[77] 이렇게 과실을 인정하다 보면 결과의 발생과 조건 관계에 모든 부주의한 행위가 과실의 내용을 이루는 주의의무 위반에 해당하게 되어 그 한계를 합리적으로 결정하는 것이 어려워진다.

그러나 신과실론은 평균적인 일반인을 기준으로 주의의무를 판단하나 행위자의 일반인을 초과하는 사정 등을 고려한다.[78] 신과실론

---

74) 신동일, "과실범 이론의 역사와 발전에 대하여 – 형법 제14조의 구조적 해석 –", 강원법학 제44권, 강원대학교 비교법학연구소, 2015, p.330.
75) 김잔디, "위험운전에 대한 입법적 대응: 일본과의 비교검토를 중심으로", 형사정책연구 제27권 제3호, 한국형사법무정책연구원, 2016, p.197.
76) 권영준, "불법행위의 과실 판단과 사회평균인", 비교사법 제22권 제1호, 한국비교사법학회, 2015, p.94.
77) 이용식, "과실범이론의 변화에 관하여 – 과실의 개념내용 –", 서울대학교 법학 제44권 제2호, 서울대학교 법학연구소, 2003, p.229.

은 실정법상 실제로 결과가 발생한 경우에만 과실범의 성립을 인정하고, 발생한 결과와 무관하게 있는 시점에서 행위자의 부주의한 행동을 비난하는 것은 무의미하므로 행위자의 결과의 예견이나 회피 가능성을 검토하게 된다.

2) 민간규격과 주의의무

현재의 과실범 이론에 자율적으로 행동하는 AI로봇의 문제를 적용하면 어떤 문제가 발생할까? AI로봇에 주의의무를 확정하기 위해 독일의 공업 규격인 DIN(Deutsches Institut für Normung)을 참고하여 설명한다. 독일의 DIN 규격에서 로봇(Robot)과 함께 작업하는 인간이 부상을 입었을 경우에 그 부상이 출혈을 수반하지 않는다면 신체적 침해의 위험은 수인될 수 있고, 출혈이 있는 경우에는 수인될 수 없으며 규격위반이 된다.[79] 그러나 「형법」에서 상해의 개념은 출혈의 유무가 아니라 중대한 신체적 침해와 그렇지 않은 경우로 구별하므로[80] 독일의 DIN 규격에서 신체적 침해를 수인할 수 있는 기준과 「형법」에서 말하는 상해의 개념에는 차이가 있다.

이러한 민간규격을 이용하여 AI로봇의 주의의무 위반을 확정할 때에는 다음과 같이 주의할 점이 있다.

첫째, 이들 규격은 민간규격으로 바로 「형법」상 주의의무의 기준과 일치하지 않는다. 왜냐하면 「형법」은 부수적으로 사회적 도덕도 보호하고 있어 민간규격이 보호하고자 하는 이익과 완전히 일치하는 것은 아니기 때문이다. 다만, 민간규격이 준수되는 경우라도 여전히 과실범이 성립할 여지는 있다.[81]

---

78) 이재상, 형법총론(제7판), 박영사, 2011, pp.187-189.
79) 根津洸希, 刑法-過失, 答責分配, 電子的人格, p.164.
80) 대법원 1989. 1. 31 선고 88도831 판결.
81) 根津洸希, スザンネ·ベック「インテリジェント·エージェントと刑法-過失, 答責分配, 電子的人格」Susanne Beck, Intelligente Agenten und Strafrecht-

둘째, 민간규격은 민주주의적 정통성이 결여되어 있다. 그것은 어떤 규격을 제정할 때에 그 규격의 기초, 최종적인 체결방법 등이 명확하지 않을 뿐만 아니라 그 규격에 관련된 전문가가 없는 경우도 있다.

이와 같이 민간규격과 「형법」의 차이는 있지만 실무적으로는 민간규격을 신뢰할 수 있다. 민간규격을 신뢰하는 연구자나 제조자는 민간규격을 준수한다면 법적인 문제는 없다고 생각하기 때문이다. 그리고 개발자가 프로그램한 AI로봇이 인간의 신체에 위험을 발생하게 하였으나 개발자가 민간규격에 따라 프로그램하면 된다고 확신한 경우에는 주의의무의 위반을 인정할 수 있지만 위법성의 인식을 부정할 가능성이 있다.

3) 예견 가능성

군사용 로봇(Robot)이 전투 중에 사람에게 상해를 입힌 경우 구체적인 결과의 예견이나 인과과정의 확인이 어렵다. AI로봇의 학습과 순응 기능에 의해 구체적 행동을 예측하는 것이 불가능하기 때문이다. 따라서 「형법」상 요구되는 예견 가능성에서 행위결과의 구체적인 사정이나 인과관계가 긍정될 가능성이 좁아진다.

그러나 한편으로 행위자 개인의 구체적 능력이나 사정보다는 그 개인이 속한 사회의 객관적 요구와 어떠한 행위에 대해 사회적으로 부과되는 객관적 요구가 중요한 추상적 과실을 고려하게 되면 과실의 범위가 넓어진다.[82]

Fahrlässigkeit, Verantwortungsverteilung, elektronische Personalität, 千葉大學法學論集 第31卷 第3·4号, 2017, p.164.

82) 권영준, "불법행위의 과실 판단과 사회평균인", 비교사법 제22권 제1호, 한국비교사법학회, 2015, p.109.

(2) AI로봇과 허용된 위험의 법리

1) 허용된 위험의 법리

일반적으로 허용된 위험(Erlaubtes Risiko)은 과실범의 주의의무를 제한할 수 있다.[83] 허용된 위험은 자동차 운전, 열차, 항공기 운항 등 결과 발생의 위험이 있어도 그 행위의 일반적인 사회적 유용성을 고려하여 전면적으로 금지되지 않고, 비록 그 행위의 결과가 발생하더라도 과실범을 전제로 한 범죄는 성립되지 않는다. 이러한 허용된 위험은 사회적 상당성의 유형이다.[84]

2) AI로봇과 허용된 위험의 법리의 적용 가능성

① 긍정적인 입장

긍정적인 입장은 허용된 위험의 법리를 바탕으로 AI로봇에 대한 책임이 가능하다는 입장이다. AI로봇은 편리성의 향상, 인간의 부담 감소에 있음을 고려하여 AI로봇의 사회적 유용성이 발생하는 위험보다 큰 경우에는 AI로봇의 제조자에게 결과가 귀속되지 않고 AI로봇에 대한 귀책을 긍정하는 입장이다.[85]

이러한 긍정적인 입장은 AI로봇에 의해 발생한 손해는 일반적인 사회적 위험, 즉 허용된 위험이라고 하여 사회적으로 받아들여진다. 그렇지 않으면 인간은 AI로봇으로 위험이 발생하지 않도록 항상 감시

---

83) 이재상, 형법총론(제7판), 박영사, 2011, p.189.
84) 정신교, "刑法上 許容된 危險의 體系的 地位", 법학연구 제28호, 한국법학회, 2007, p.253.
85) Gleasure/Weigend, Intelligente Agenten und das Strafrecht, ZStW 126(2014), 582ff: Hilgendorf, Autonomes Fahren im Dilemma. überlegungen zur moralischen und rechtlichen Behandlung von selbsttätigen Kollisionsvermeidesystemen, in: Eric Hilgendorf(Hrsg), Autonome Systeme und neue Mobilität(Robotik und Recht, Bd. 11), 2017, S. 143 ff.

해야 하고, 위험을 피하기 위한 부담을 제조자에게 부과하여 기술 혁신의 위축을 초래한다. 따라서 인간이 AI로봇으로 편리함과 이익을 누리고 있는 이상 일정 정도의 위험은 어쩔 수 없는 것으로 받아들여야 한다는 입장이다.

② 부정적인 입장

부정적인 입장은 인공지능(AI) 기술의 발전을 고려했을 때 현재의 AI로봇이 예외적인 존재로서 인식되고 있는 상황에서 AI로봇으로부터 발생하는 위험은 비정상적인 위험일 뿐이며, 허용된 위험이라고 하는 것은 AI로봇을 이용하고 있지 않는 인간에게 위험을 일방적으로 부담시키는 결과에 지나지 않는다는 입장이다.[86]

이와 같은 부정적인 입장은 AI로봇에 대한 결과 귀책을 인정함으로써 인간의 부담 감소라는 본래의 목적이 달성되지 않는다는 모순이 발생하게 되고, AI로봇의 사회적 유용성과 위험을 비교한 결과에 따라 발생한 손해를 허용된 위험이라고 하여, 허용된 위험은 채용하고 싶다는 결론을 선취한 것에 지나지 않는다고 한다.[87] 따라서 허용된 위험이라고 하는 개념을 이용하여 AI로봇에 대한 손해 결과의 귀책을 적극적으로 긍정할 필요가 없고, AI로봇에 관한 프로그램 과실을 이유로 제조자에게 책임을 묻거나, 해당 AI로봇을 이용하고 있는 사람에게 손해의 결과를 귀책하게 된다.

3) 허용된 위험의 법리와 AI로봇의 책임

① AI로봇의 유용성과 위험성의 비교

수정 과실론의 입장에서는 추상적 예견 가능성이 「형법」적 책임의 지표가 될 수 없으나 예견 가능성을 막연한 불안감으로 볼 수 있

---

86) 松宮孝明, 刑事過失論の研究(補正版), 成文堂, 2004, p.73.
87) 佐伯仁志, 刑法総論の考え方・楽しみ方, 有斐閣, 2013, p.309.

다.[88] 고도의 과학기술은 위험성이 항상 존재하기 때문에 어느 정도는 사회적으로 수용되고 있다. 따라서 주의의무의 기준에 무게를 두게 되는데 이 주의의무의 기준에 민간규격이나 「형법」이외의 규정이 적용되는 것은 아니다. 앞에서 설명한 바와 같이 민간규격이나 「형법」이외의 규정은 어떤 행위의 이익과 불이익을 비교하는 것이고, 이러한 규범은 반드시 형법규범의 보호 목적과는 일치하는 것은 아니다.

그리고 AI로봇으로 인해 발생한 위험에 대해서 인간에게 과실 책임을 지우는 데는 어려움이 있다. 왜냐하면 AI로봇으로 인해 발생한 위험이 설계자의 행위인지, 제조자·판매자의 행위인지, 스스로의 학습에 의한 것인지, 새로운 데이터로 학습·훈련을 시킨 이용자의 행위인지를 규명하는 것이 어렵다. 게다가 누구에게 얼마나 과실이 있는지를 인정하는 것은 더욱 어렵다.

따라서 이익형량은 주의의무의 기준에 적용될 수 있는 것이 아니라 AI로봇의 유용성과 위험성을 비교한 결과와 사회적으로 수용되는 경우에 허용된 위험의 범위 내에서 정해져야 한다.[89] 또한 책임은 인간뿐만 아니라 AI로봇도 부담하는 형태로 구상되어야 한다. 이러한 경우에는 책임의 분배방식을 다음과 같이 생각할 수 있다.

첫째는 관여자 중의 한 사람, 즉 이용자 등에게 일률적으로 책임이 있다고 인정하는 방법, 둘째는 관여자 가운데 과실이 입증된 자만을 책임이 있다고 하는 방법, 셋째는 AI로봇의 행위에 관여한 모든 인간에게 책임이 있다고 하는 방법, 넷째는 AI로봇의 행위를 사회적으로 중요한 것으로 보아 AI로봇의 위험성이나 행위에 관련되는 책임을 사회 전체로 분담시키는 방법 등이 있다.

---

88) 점승헌, "환경형법에서의 고의와 과실", 원광법학 제22권 제2호, 원광대학교 법학연구소, 2006, pp.264-265.
89) 임석순, "형법상 인공지능의 책임귀속", 형사정책연구 제27권 제4호, 한국형사정책연구원, 2016, p.81.

② 책임공백 방지와 사회적 수용

인간에 대한 책임의 공백을 메우기 위한 방법으로 AI로봇의 설계나 제조과정에서 명백한 구조적 결함이 있는 경우를 제외한다면 AI로봇의 행위를 이용자에게 책임을 부담시키는 것도 생각할 수 있다.

다만, 자율적으로 행동하는 AI로봇에게 행위를 지시한 경우에는 인간의 행위를 AI로봇이 대신하는 것이기 때문에 행위의 결과로부터 자유로울 수 없다.

예를 들면, 장거리 운전을 위해서 자율주행자동차의 자동운전 모드를 이용하는 경우에 자동차 스스로 주변 환경과 교통의 흐름 등을 판단하여 목적지 설정, 운행속도, 경로 변경, 장애물 회피 등 자율적으로 운행하지만, 운행 도중에 사고가 발생한 경우에 이용자가 사고의 책임을 지게 된다. 그러면 이용자는 계속 자율주행자동차의 운전을 주시해야 하므로 결국 이용자 스스로 운전하는 것과 같게 된다. 따라서 책임의 공백을 피할 수 없는 것으로 받아들인 후에 그러한 공백을 메우기 위해서는 사회가 이를 수용하고 규제가 이루어져야 한다.

(3) 자율형 AI로봇의 형사책임 가능성

1) 자유의사와 책임이론

「형법」상 책임의 근거는 인간은 도덕적 성숙과 자기결정능력을 바탕으로 불법을 배척하고 법규범에 일치하도록 행위를 함으로써 「형법」으로 금지하는 것을 회피할 수 있다는 점에 있다.[90] 즉 「형법」상 책임은 행위자가 위법한 행위를 한 것에 대한 비난 가능성이다. 책임의 문제는 사회학, 윤리학, 심리학 등의 대상이기도 하나 이들과 「형

---

[90] 임석순, "형법상 인공지능의 책임귀속", 형사정책연구 제27권 제4호, 한국형사정책연구원, 2016, p.76.

법」상의 책임은 다르다.

책임의 근거에 관한 도의적 책임론은 고전학파의 입장에서 주장된 책임론이며 비결정론적 입장이다.

도의적 책임론은 행위자가 불법한 행위와 적법한 행위의 선택의 갈림길에서 자유의사에 따라 불법한 행위를 선택하면 이때 발생한 결과에 책임이 있다는 것이다. 즉 자유로운 의사를 전제로 행위자의 행위에 대한 「형법」상의 도의적 비난이다.

이에 대해 사회적 책임론은 근대학파의 입장에서 주장된 책임론이며 결정론적 입장이다. 사회적 책임론은 행위자의 자유로운 의사를 고려하지 않고 반사회적인 성격으로 범죄를 저지른다고 한다. 그리고 책임은 사회 방어 차원에서 부과하는 것이다. 이러한 논의는 형법이론의 고전학파와 근대학파의 논의에서도 찾아볼 수 있다. 개인의 이성과 자유로운 의사를 강조하는 고전학파와 인간의 자유의사를 부정하고 범죄는 행위자의 성격과 소질, 환경에 의해서 필연적으로 나타나는 현상이라는 근대학파가 비교된다.

근대학파의 관점에서는 범죄는 행위자의 반사회적 성질의 현상이며 사회를 방어하기 위해 형벌을 부과하고 반사회적 성격에 의한 사회적 위험성을 제거하여 행위자를 개선·갱생시키기 위한 수단으로 보고 있다. 따라서 형벌에 대해 치료나 교육의 수단으로 접근한다. 형벌은 범죄라는 계기로 인해 부과되지만 범죄는 행위자의 반사회적 성격과 사회적 위험성을 나타내는 현상이기 때문에 처벌의 대상은 행위가 아니고 행위자가 된다.

2) 벤저민 리벳 실험과 의사결정

형법학에서 인간은 자유로운 의사결정을 할 수 있는 이성적인 존재를 전제로 한다. 그러나 '인간이 과연 자율적인 존재인가'에 대해서 오래전부터 지속적으로 논의되고 있다. 이러한 논의는 인간의 자유의사와 관련하여 결정론(주관주의)과 비결정론(객관주의)의 대립에서 나타난다. 과거에는 형이상학적인 논의였으나 뇌과학이 급속히 발전한 오늘날에는 경험적 사실의 문제로 취급하면서 자유의사의 유무 등에 의문을 가진다.[91]

미국의 생리학자 벤저민 리벳(Benjamin Libet)의 실험에서 인간이 어떤 행동을 하려고 의식적인 의사결정을 하기 전에 뇌 속에서는 '준비전위(Readiness potential)'라고 하는 무의식적인 전기신호가 일어나는 것을 확인하였다.

벤저민 리벳(Benjamin Libet)의 실험은 인간의 운동 작용의 피질 메커니즘을 조사한 연구로 손목과 손가락에 음극선(Cathode Ray)을 붙이고 피실험자가 손을 움직이면, 손을 움직이기로 한 순간의 시각을 기억하고 있다가 실험자에게 알려준다. 이때, 손목의 음극선(Cathode Ray)을 통해 운동이 일어난 시각과 머리의 전극을 통해 준비전위가 일어난 시각의 차이를 비교하여 의지를 가진 시각을 알 수 있다는 것이다.[92] 이 실험에 의하면, 동작을 시작하는 약 550/1000초 전에 '의식적인 결정'을 나타내는 신호가 나타나지만, 약 200/1000초 전에는 그것을 촉진시키는 무의식적인 '준비전위(Readiness – Potential)'가 나타난다.[93]

예를 들면, 사람들이 "이렇게 하자"라고 하는 의식적인 결정을 하는 약 200/1000초 전에 이미 뇌가 결정을 내린다는 것이다. 뇌가

---

91) 박은정, "자유의지와 뇌과학: 상호 인정 투쟁", 법철학연구 제18권 제2호, 한국법철학회, 2015, pp.102 – 103.
92) Jimmy Y. Zhong, What Does Neuroscience Research Tell Us about Human Consciousness? An Overview of Benjamin Libet's Legacy, The Journal of Mind and Behavior Summer and Autumn 2016, Volume 37, Numbers 3, 2016, p.289.
93) 탁희성·김일수, "뇌과학의 발전과 형법적 패러다임 전환에 관한 연구(Ⅰ) – 뇌과학과 형법의 접점에 관한 예비적 고찰 – ", 한국형사정책연구원 연구총서, 한국형사정책연구원, 2012, pp.157 – 158.

결정을 먼저하고 이를 의식에 반영한다.[94) 결국 의사결정을 하기 전에 준비전위(Readiness potential)가 먼저 나타나므로 어떠한 행위를 하는 것은 의식적인 결정이 아니라 물리적인 결과이다.[95)

3) 뇌과학과 의사결정

지금까지 인간들이 생각했던 것만큼 인간이 스스로의 행동을 제어하는 능력을 가지고 있는지에 관하여 과학계에서는 논의가 계속되고 있다.[96) 이러한 뇌과학의 입장을 따르지 않더라도 인간의 의사결정은 환경 등 외부적 요인에 의해서도 많은 영향을 받고 있다.

인간의 뇌구조는 기본적으로 유전자에 의해 결정되고 외부에서 받은 자극이 작용함으로써 개인의 뇌가 형성된다. 이렇게 형성된 뇌의 뉴런(Neuron)과 시냅스(Synapse)의 네트워크가 외부의 자극에 대하여 반응하는 결과로서 인간이 의사결정을 하고 행동한다면, 인간의 행동은 물리적 법칙에 따라 결정되는 것이다. 1억 개가 넘는 뇌세포, 즉 신경세포인 뉴런(Neuron)의 구성 부분은 마음이나 의사가 아닌 물질로 이루어져 있다. 그리고 뉴런(Neuron) 사이의 시냅스(Synapse)를 연결하는 것 역시 화학물질인 세라토닌(Serotonin)이며 물질과 마음은 교환성을 갖고 깊이 관여한다.[97)

따라서 그러한 행동으로 범죄가 실행된 경우에는 자유의사를 이유로 또는 타행위 가능성을 전제로 행위자를 비난하기는 어려울 것이다.

---

94) 권경휘, "법에 있어서 책임의 개념과 그 전제조건", 인간연구 제33호, 가톨릭대학교(성심교정) 인간학연구소, 2017, p.297.
95) 한희원, 인공지능(AI)법과 공존윤리, 박영사, 2018, p.296.
96) 손지영, "행위의 "목적 지향성(Sinn-Intentionalität)" 개념에 대한 인지과학적 관점: 인지적 행위론을 위한 W. Kargl의 분석을 중심으로", 형사정책연구 제21권 제2호, 한국형사정책연구원, 2010, pp.321-324.
97) 허일태, "형법에서 의사의 자유와 책임", 법학연구 제64권, 전북대학교 법학연구소, 2020, pp.20-21.

다른 한편으로는 「형법」의 목적이 법익보호에 있다고 한다면 그 목적을 달성하는 것이 가능하다. 예를 들면, 뇌 속의 뉴런(Neuron)과 시냅스(Synapse)의 작용이 범죄행위를 회피할 수 있도록 「형법」이 인위적인 조정을 하는 것이다. 따라서 형벌은 과거의 행위에 대한 비난이 아니라 장래에 범죄가 반복되지 않도록 뇌 속의 신경세포를 조정하는 수단으로서의 역할을 수행한다고 볼 수 있다.

4) 자율형 AI로봇의 형사책임 가능성

① AI로봇의 자율성에 근거한 형사책임의 가능성

현행법의 해석상 AI로봇이 인간에게 해를 입힌 경우에는 동물이나 기계가 인간을 사상한 경우와 마찬가지로 보아야 한다. 야생동물에 의한 피해인 경우에는 불행한 사고라고 할 것이고, 가축이나 애완동물에 의한 것이라면 주인에게 과실책임을 물을 수 있다. 이 경우 인간은 동물의 관리나 기계의 조작에 과실이 있는 경우에만 처벌된다. 예를 들면, 사람을 살해할 의도로 그 사람을 조준해서 권총의 방아쇠를 당기는 경우와 마찬가지로 기계가 가져올 결과를 인식하고 그 기계를 작동시켰다면 과실범이 아니라 고의범이 된다. 즉, 동물이나 기계는 사람의 단순한 도구가 되는 것이다.

「형법」은 인간이 이성적인 존재로서 스스로 행위를 통제할 수 있다는 것을 전제로 그 사람을 비난하고 형벌을 부과한다. 그러나 형사미성년자[98] 또는 정신적인 장애로 인하여 시비선악을 변별할 능력이 없는 자,[99] 즉 지적 능력과 통제능력이 없는 자에 대해서는 「형법」상 책임이 없다. 나아가 질병 등으로 인하여 후천적으로 지적 능력이

---

[98] 「형법」 제9조(형사미성년자) 14세 되지 아니한 자의 행위는 벌하지 아니한다.
[99] 「형법」 제10조(심신장애인)
　① 심신장애로 인하여 사물을 변별할 능력이 없거나 의사를 결정할 능력이 없는 자의 행위는 벌하지 아니한다.

저하된 자와 침팬지의 지적 능력을 비교한다면 후자가 오히려 자율적인 판단능력이 우월할 수도 있다.

자율형 AI로봇의 판단능력과 그에 기초한 행동을 이성적 또는 자율적이라고 평가해야 할 것인지는 또 다른 새로운 문제가 된다. 그러나 인간의 사전 지시나 개별적인 지시가 아닌 자율형 AI로봇이 스스로 학습을 통해서 인간으로부터 독립되어 행동한다는 점에서는 자율성이 있다고 할 수 있다. 그리고 AI로봇의 자율성의 정도가 크면 귀속되는 책임도 커져야 한다.[100][101] 또한 AI로봇의 판단 능력이 인간을 초월하는 수준이라면 AI로봇에 대한 처벌을 정당화할 수도 있다고 할 것이고, 굳이 형벌의 범위를 사람으로 제한해야 할 이유는 없다고 보아야 한다.

그러나 AI로봇은 사용자의 용도에 따라 설계되고 제작되므로 모든 상황에서 AI로봇이 취해야 할 행동에 대하여 자세한 지시가 입력되어 있는 것은 아니다. 다만 이용자에게 최대한 편리함을 줄 수 있는 기본적인 것만이 프로그램되어 이용자가 어느 정도 AI로봇을 학습시키고 훈련해 나가는 것을 전제로 한다. 그리고 학습과 훈련을 바탕으로 AI로봇은 환경변화에 스스로 대처하고 판단한다.

이러한 자율적 AI로봇이 스스로 학습하고 환경변화에 따라 적응함으로써 AI로봇이 어떠한 상황에서 어떠한 행동을 취할지를 정확하게 예상하기가 어렵다. 또한 학습능력이 최적화된 프로그램으로 스스로 변화하기 때문에 AI로봇이 왜 그러한 행동을 했는지 사후적으로 판단하는 것은 더욱 어렵다.

---

100) T. Kim and P. Hinds: "Who should I blame? Effects of autonomy and transparency on attributions in human-robot interaction," Proc. of the 15th IEEE International Symposium on Robot and Human Interactive Communication, 2006, pp.80-85.

101) A. Waytz, J. Heafner and N. Epley: "The mind in the machine: Anthropomorphism increases trust in an autonomous vehicle," Journal of Experimental Social Psychology, vol. 52, 2014, pp.113-117.

② 형법이론에 근거한 형사책임의 가능성

근대학파의 형법이론에 근거하여 AI로봇에 대한 형사책임의 인정 가능성을 도출하는 것을 생각할 수 있다. 만일 인간의 의사결정과 행동이 실제로는 유전자와 외부의 자극에 바탕을 둔 학습을 통해서 형성된 뇌의 작동, 즉 뉴런의 발화와 시냅스에 의한 신경전달물질의 교환 과정에서 물리적인 법칙에 따라 결정되는 것이라면 그것은 AI로봇의 행동과 큰 차이가 없다고 할 수 있다. AI로봇은 자율적으로 결정하고, 행동하는 것으로 보이지만 인간이 사전에 프로그램한 알고리즘 (Algorithm) 시스템의 결과라는 의미에 불과하게 되는 것이다.

현재의 제3세대 인공지능(AI)은 뉴럴 네트워크(Neural Network)로 인간 뇌 속의 뉴런의 결합을 알고리즘(Algorithm)으로 모방·재현한 것으로 심층학습을 통해 인간의 판단을 대체하려는 것이다. 근대학파의 형법이론에 근거하여 사회에 대한 위험성이 있는 AI로봇에게 그 위험성을 제거하기 위해서 필요한 알고리즘(Algorithm)의 개수나 바이어스 (Bias) 제거 등의 조치를 하거나 혹은 잘못을 제거하기 위한 새로운 학습을 강제하는 것은 사람의 뇌구조를 모방하여 법익을 보호하는 「형법」의 목적에 부합하는 것이 된다. 따라서 뇌과학 이론의 적용으로 인간의 자유의사, 범죄 행위에 대한 판단 등 종래 형법학의 범위에서 벗어나 형벌이론을 의학, 과학, 철학, 윤리학 등 다양한 분야를 포함하는 연구가 필요하다.102)

나아가 사회에 반하는 행위를 하는 AI로봇에 그 행위에 상응하는 형벌능력을 인정할 수 있다.103) 반사회적 행위를 하는 AI로봇 모두를

---

102) 송시섭, "뇌과학에 기초한 형벌이론의 새로운 가능성", 법학논총 제33권 제3호, 국민대학교 법학연구소, 2021, p.250.
103) 이인영, "인공지능 로봇에 관한 형사책임과 책임주의－유기천 교수의 법인의 행위주체이론과 관련하여－", 홍익법학 제18권 제2호, 홍익대학교 법학연구소, 2017, p.46.

범죄능력을 가진 주체라고 할 수 없지만 그 반사회적 행위에 상응하는 형벌능력을 가진 주체로는 인정할 수 있을 것이다. 그러나 AI로봇은 스스로 결정하는 능력을 가진 법적인격이 아니라 원칙적으로 부여된 목적이나 임무를 프로그램에 따라 실행하는 컴퓨터 기술이므로 AI로봇의 책임능력을 인정할 수 없다고 생각할 수 있다.

다만 책임은 불법을 야기한 자에 대한 비난이고, 자유의사라는 개념도 일정한 사회적 목적을 달성하기 위한 귀책의 산물로 해석할 수 있다. 그러나 자신의 결정을 윤리적 평가기준에 따라 평가할 수 없는 자, 즉 시비선악(是非善惡)을 변별할 수 없는 자에게는 윤리적인 판단을 기대할 수 없다. 또한 윤리적 비난에 대하여 대응할 수도 없기 때문에 책임의 조건으로 자기반성의 능력이 요구되는 것이다.

인공지능(AI) 기술의 발전으로 인간 사회의 규범과 규칙을 알고리즘(Algorithm)을 통해서 AI로봇에 입력하는 것이 가능하다면 AI로봇의 행위결과에 대한 책임비난이 가능하게 되는 것이다.

2. 비자율형 AI로봇의 형사책임

AI로봇이 인간의 명령에 따라 임무를 수행하는 경우는 스스로 판단하고 행동하는 자율형 AI로봇과 구별하는 의미에서 비자율형 AI로봇이라고 부르기로 한다. 비자율형 AI로봇은 어떤 방식으로든 인간의 의사에 따라 작동된다는 전제에서 보면 원칙적으로 그 책임은 인간이 부담한다.

비자율형 AI로봇에 의한 범죄와 관련하여 고의범과 과실범, 새로운 유형의 범죄로 구분하여 설명한다.

첫째, 프로그램의 설계 단계에서 AI로봇이 반복적으로 절도의 충동을 가지도록 알고리즘(Algorithm)을 설계하고, 절취한 물건을 다른

AI로봇에게 매도하도록 제조하는 경우를 가정한다. 이 경우에 AI로봇에게 범죄를 실행할 목적만 가지도록 하였다면 인간이 AI로봇의 행위에 대한 책임이 있다.

AI로봇의 행위가 범죄로 간주되므로 인간에게 AI로봇의 의도와 행위의 결과에 대하여 책임이 있는 것이다. 또한 인간이 AI로봇을 이용하여 범죄를 실행하려고 했으나 AI로봇의 오작동으로 다른 범죄를 범한 경우에도 AI로봇의 행위에 대해서는 인간에게 책임이 있다고 보아야 한다.

둘째, 인간이 범죄의사가 없는 AI로봇을 생산했지만, 제조 또는 사용과정에서 인간의 과실이 개입된 경우에는 AI로봇의 고도화된 자율성이나 예측 불가능성이 문제가 된다.[104] 이 경우는 인과관계의 개념, 책임분담 등 법적 추론의 원리와 긴장관계에 있게 된다.

따라서 예견이 가능한 위험을 회피하려는 합리적인 인간을 전제로 한 전통적인 「형법」의 관점에서 보면, AI로봇이 범한 범죄에서 설계자와 공급자, 이용자의 책임을 규명하기에는 어려움이 있다.

예를 들면, AI로봇이 수차례 강도를 계획하고 시도한다면 미처 그것을 예상하지 못했던 인간이 책임을 부담해야 하는지, AI로봇의 설계자나 제조자가 책임을 부담해야 하는지 문제가 된다.

셋째, AI로봇에게 손해를 끼치거나 파괴한 자에 대한 책임 문제를 생각할 수 있다. 자율적으로 작동되는 AI로봇에게 인간이 행한 범죄에 대하여 전통적인 책임론으로는 이를 규율하기에 충분하지 못하다. 다만, 수십 년간 사회적 논의를 거쳐서 마련된 「동물보호법」을 참조하여 AI로봇을 학대한 인간을 처벌할 수 있는 법률의 제정이나 개정을 생각해 볼 수 있다.

---

104) 정용기·송기복, "인공지능(AI)의 발전과 형사사법의 주요논점", 한국경찰연구 제18권 제2호, 한국경찰연구학회, 2019, p.6.

(1) 고의범으로 처벌 가능성

1) AI로봇의 설계를 이용하는 경우

AI로봇의 설계 자체에 의한 고의범은 그 배후에 있는 자가 위법한 행위를 하도록 프로그램하여 AI로봇을 이용하는 경우이다. 이러한 경우에는 AI로봇의 행동을 구체적으로 예견할 수 있다. 예를 들면, 맹견을 이용해서 타인의 생명이나 신체를 침해한 자는 정범으로 처벌할 수 있으므로 이와 같이 AI로봇의 설계자를 정범으로 처벌이 가능하다.

AI로봇의 설계자가 고의범으로 문제가 되는 경우는 다른 법령을 준수하도록 프로그램된 AI로봇을 고의로 이용하는 경우와 확정적 고의를 가지고 AI로봇을 이용하는 경우 그리고 프로그램에 중대한 오류가 있을 가능성을 미필적으로 인식하면서도 AI로봇을 판매하고 이용하는 경우를 들 수 있다.

다른 법령을 준수하도록 프로그램된 AI로봇을 고의로 이용하는 경우에는 배후자가 해당 AI로봇에게 살인을 범하는 명령을 하였더라도 AI로봇은 반드시 법령을 준수하도록 프로그램 되어 있기 때문에 그 명령을 실행할 가능성이 없다면 실행의 수단 또는 대상의 착오로 인하여 결과의 발생이 불가능한 불능범[105]으로 해석할 수 있다.

다만, 불능범은 일반인의 입장에서[106] 범죄행위의 성질상 결과발생 또는 법익침해의 가능성이 절대로 있을 수 없는 경우이다.[107] 또한 해당 AI로봇의 행위가 적법 행위의 기대 가능성이 있거나 불법한 행위를 수행할지 여부를 자율적으로 결정할 수 있다고 한다면 AI로봇의 프로그램상 오류로 인한 법익침해의 위태화 또는 위험이 현실

---

105) 「형법」 제27조(불능범) 실행의 수단 또는 대상의 착오로 인하여 결과의 발생이 불가능하더라도 위험성이 있는 때에는 처벌한다. 단, 형을 감경 또는 면제할 수 있다.
106) 대법원 2005. 12. 8. 선고 2005도8105 판결.
107) 대법원 2007. 7. 26. 선고 2007도3687 판결.

화될 개연성에 따라 그 오류는 허용된 위험의 범위에 있다고 볼 수 있고 배후자의 가벌성을 부정하는 것도 가능하다.

2) 합법적 기술을 범죄에 이용하는 경우

AI로봇의 설계와 제조는 합법적이더라도 범죄의 목적에 AI로봇을 이용한 사용자에게 책임이 인정될 수 있다. 이는 합법적 기술을 범죄에 이용한 경우로 범죄는 AI로봇에 의해 실행되었으나 범죄의사는 이용자에게 있는 경우이다.

예를 들면, 사용자가 로봇견[108]에게 집에 침입자가 있으면 공격하라고 명령하는 경우, 로봇견이 침입자를 공격하여 사망하게 하였다면 비록 로봇견이 사람을 공격하여 사망에 이르게 했지만 그 사용자를 실제의 행위자로 볼 수 있다.

(2) 과실범으로 처벌 가능성

1) 실행행위의 성립 범위

① 실행행위의 범위

개발자나 이용자에게 AI로봇의 예견가능한 모든 결과에 대하여 과실책임을 묻는다면 AI로봇의 기술발전을 저해할 수도 있기 때문에 배후자의 과실책임의 범위를 적절하게 한정할 필요가 있다. AI로봇의 개발과 이용에 수반되는 위험과 AI로봇이 사회에 주는 이익을 함께 고려해야 하지만 주의의무나 과실책임에 있어 구체적인 프로세스가 분명하지 않다.

② AI로봇의 개발 프로세스와 실행행위

개발자들에 대해서는 AI로봇의 개발 과정에서 발생하는 위험을

---

108) https://www.fox5ny.com/news/nypd-testing-ai-powered-robot-dog.

감소시키기 위해 주의의무가 부과된다. 비례성 원칙의 관점에서 위험과 비용을 고려하여 위험을 감소시킬 수 있는 주의의무가 부과되면 비용이 적게 드는 주의의무가 선택될 것이다.

예를 들면, AI로봇의 행동으로 야기된 위험이 잠재적으로 피해자의 생명에 관계된다면 상당한 주의의무가 부과되고 그것이 정당화된다. 한편, 그 위험이 경미한 이익에 불과하면 비용이 높은 주의의무의 부과는 회피될 것이다.[109] 그렇게 선택된 주의의무를 적절히 이행함으로써 위험이 감소되더라도 완전히 제거되지는 않는다.

따라서 주의의무를 이행하는데 잔존하는 위험과 AI로봇이 가져올 이익을 비교하여 그 결과를 사회가 받아들일지 검토해야 한다. 마지막으로 비교·형량의 결과가 사회적 수용이 가능한 위험에 해당한다면 과실범의 실행행위성이 부정된다. 그러나 그 위험이 실제로 실현되었다고 해도 배후자에게 과실범이 성립하는 것은 아니다.

그러므로 AI로봇의 행위로 인한 위험이 경미하고 주의의무의 이행으로 사회가 해당 위험을 수용한다면 AI로봇의 개발자와 이용자에게 주의의무가 부과되지 않고, 그 사용에 따른 침해의 결과에 대해서도 형사책임을 지지 않는다. 그러나 개발자가 주의의무를 이행하고 위험을 감소시키더라도 사회가 그 잔존 위험을 허용하지 않는다면 그러한 위험을 수반하는 AI로봇의 개발과 이용은 과실범의 행위가 되므로 금지된다.[110]

2) 객관적 귀속의 판단

① 객관적 귀속의 부정

AI로봇의 이용자, 사용자 등 배후자의 행위와 AI로봇이 일으킨

---

109) 樋口亮介, 注意義務の内容確定基準－比例原則に基づく義務内容の確定, 刑事法ジャーナル39号, 2014, p.50.
110) 佐伯仁志, 刑法總論の考え方・樂しみ方, 有斐閣, 2013, p.309.

행위의 결과 사이에 객관적 귀속이 부정되는 경우로는 일반적인 생활 위험이 실현된 경우와 AI로봇의 행동이 자율적인 행위로 인정되는 경우를 들 수 있다. 전자의 경우에는 해당 AI로봇이 개발과 이용이 허용되지 않는 위험을 창출한 것인지 여부를 묻는 것이고 이는 사회가 해당 위험을 수용할지의 문제로 환원된다.[111] 또한 후자에 대해서는 예견 가능성을 검토하여 AI로봇의 침해결과를 AI로봇의 이용과 활용과정에서 발생할 수 있는 침해의 결과 범위 내에서 예견할 수 있었다면 비록 AI로봇이 자율적으로 작동하는 것일지라도 발생한 결과를 배후자의 행위로 귀속시킬 수 있다.

② 허용된 위험

AI로봇과 같은 첨단기술을 개발, 이용하는 자의 책임을 적절한 범위에서 제한하는 것은 개발자와 이용자에 의해 창출되는 위험이 사회적으로 허용된 위험인지 여부가 중요하다. 예견 가능한 모든 법익의 침해 결과에 대해서 개발자에게 형사책임을 묻는다면 「형법」으로 기술혁신을 정체시켜서 사회 전체의 이익을 해할 수 있다.

그리고 개발행위가 사회생활의 향상을 목적으로 한다고 하여도 위험을 동반하는 행위는 허용되기 어렵다. 그러므로 개발자들은 개발 단계부터 합리적인 비용의 범위 내에서 당시의 기술수준에서 충분한 테스트를 실시하고, 판매나 이용 단계에서도 제품을 감시하여, 개량함으로써 해당 제품이 수반하는 위험을 감소시킬 필요가 있다.

비록 개발자들이 충분한 주의의무를 이행했음에도 불구하고 위험이 존재하는 경우에는 사회가 AI로봇이 가져올 이익을 허용하는 한도 내에서 해당 위험을 사회에 부담시켜야 한다. 따라서 개발자들이 과실범으로 처벌될 수 있는 경우는 위험이 감소하도록 주의의무를 이행하지 않고 제품을 개발하여 이용하는 경우와 제품의 위험에 대한

---

111) 山中敬一, 刑法總論(第3版), 成文堂, 2015, p.400.

주의의무를 이행했다고 하더라도 사회적으로 허용되는 수준에 미치치 못함에도 불구하고 해당 제품의 개발과 이용을 계속하는 경우로 한정해야 한다.

결국 「형법」은 이와 같은 방식으로 AI로봇을 포함한 첨단기술의 위험과 이익을 비교하여 기술 혁신의 촉진과 사회 안전의 확보라는 두 가지 목적을 모두 충족시킬 수 있다.

제5절 │ 범죄의 객체로서 AI로봇

1. 보호법익의 확대

독립적인 재물에 대하여 법률상 보호하는 것은 특별한 일이 아니다. 집에서 기르는 반려견을 살상하는 경우에는 「동물보호법」 제46조 제2항에서 2년 이하의 징역 또는 2천만원 이하의 벌금형을 규정하고 있다. 이 규정은 반려 동물의 생명이나 신체를 직접 보호하려는 것은 아니고 동법 제1조의 목적에서 규정하는 바와 같이 동물을 애호하는 기풍, 생명 존중 등의 추상적인 법익을 보호하기 위한 것이다.[112]

그리고 「형법」 제161조에서는 사체나 유골 등을 훼손한 경우 7년 이하의 징역형을 규정하고 있다. 이는 사체나 유골 등의 물리적 존속을 보호하는 것보다는 사망자에 대한 존경 또는 존중의 감정을 보호하려는 것이다.[113] 이와 같이 인간이 특정한 재물에 특별한 애착의 감정을 가지는 경우에는 일반적인 물건과는 달리 「형법」상 특별한 보호를 하는 것이다.

---

112) 「동물보호법」 제1조.
113) 대법원 1957. 7. 5. 선고, 4290형상148 판결.

다른 한편으로는 사람의 감정을 보호법익으로 정하는 것이 옳지 않은 경우도 있다. 일반적으로 인형이나 장난감에 애착을 가지는 사람들도 있지만 그러한 사람의 모든 감정까지도 「형법」의 손괴죄 규정을 초월해서 보호법익으로 하는 것은 어려울 것이다. 동물 등에 대한 사랑과 애착이 아무리 깊더라도 그러한 모든 감정을 특별하게 보호해야 한다고 보기는 어렵고, 나아가 사회 일반인이 공유하는 감정은 아니기 때문이다.

그러나 특정한 물건에 대한 인간의 사랑과 애착 등의 감정을 보호법익으로 하기 위해서는 「형법」상 보호할 가치가 있는 것을 정하고 어느 범위에서 보호할 것인지 사회적 합의가 필요하다.[114)]

2. 범죄의 객체로서 AI로봇

「동물보호법」과 「형법」의 규정을 보면 동물, 사체, 유골, 유발 등에 대해서 소유권과는 별도로 독립된 보호를 하고 있다는 점에서 인간과의 관계나 근접성을 일정한 기준으로 볼 수 있다. 「동물보호법」의 보호대상인 동물은 고통을 느낄 수 있는 신경체계가 발달한 척추동물로서 포유류, 조류, 파충류·양서류 등이다.[115)] 이는 인간과 오랫동안 공존하면서 생활한 동물이나 인간이 점유하고 있는 동물을 보호대상으로 하고 있다는 점에서 인간과의 근접성을 기준으로 하는 것으로 생각된다.

그리고 「형법」 제161조가 사체와 유골 등을 특별히 보호하는 것은 과거에 인간의 일부이었다는 점에 근거하고 있는 것도 동일한 입

---

114) 주현경, "형법적 관점에서 바라본 동물학대", 환경법과 정책 제19권, 강원대학교 비교법학연구소, 2017, p.82.
115) 「동물보호법」 제2조.

장으로 이해할 수 있다. 과거 인간의 일부이었기 때문에 유족 등 사회 일반이 존경·존중의 감정을 느끼고 그러한 감정을 보호하는 것이다. 결국 인간과의 밀접한 관련성이 그 물건에 대하여 애착을 가지는 이유가 된다.

그렇다면 애완용 AI로봇에게 반려견과 같은 애착이 생길까? 신체 동작에 따라 감정을 나타내는 AI로봇은 인간의 감정에 영향을 미친다.116) 더욱이 애완용 AI로봇의 호흡이나 심장박동, 체온 등을 변화시키면 인간과의 감정이 교류되고 친밀함과 애착이 형성된다.117) 이러한 행동적극성과 감정적 친밀성은 기쁨이나 슬픔 등 인간의 감정변화에 영향을 미칠 수 있다. 일본에서는 세계 최초로 상용화에 이른 소니(Sony)사의 반려로봇 '아이보(Aibo)'의 이용 중단에 대해서 사용자들은 천도제를 지낸 바가 있다.118)

그러한 애착이나 감정이 「형법」의 보호대상이 될 수 있다고 한다면 AI로봇이 인간과 밀접한 관련을 가지도록 제조되어 실제로 인간과 밀접성을 가지는 경우에는 특별한 보호대상이 될 여지가 있다.

---

116) T. Matsumoto, S. Seko, R. Aoki, A. Miyata, T. Watanabe, and T. Yamada. Towards enhancing human experience by affective robots: Experiment and discussion. In 2015 24th IEEE International Symposium on Robot and Human Interactive Communication (RO−MAN), 2015, pp.271−276.
117) Naoto Yoshida and Tomoko Yonezawa, Investigating breathing expression of a stuffed−toy robot based on body−emotion model, In Proceedings of the Fourth International Conference on Human Agent Interaction, 2016, pp.139−144.
118) 과학기술정보통신부·한국과학기술기획평가원(KISTEP), 소셜 로봇의 미래(2019년 기술영향평가 결과), 동진문화사, 2020, p.71.

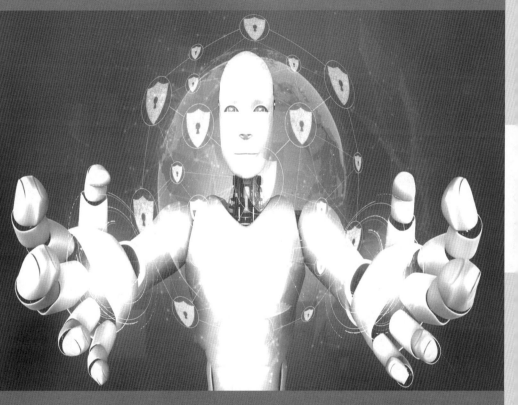

제 4 장

AI로봇과 형사사법

제4장 AI로봇과 형사사법

AI로봇과 윤리

1. AI로봇과 윤리의 변화

인공지능(AI)의 발전은 산업구조의 변화뿐만 아니라 우리 사회의 가치관에도 큰 영향을 주고 있다. AI로봇은 인간에 비해서 직선적이며 효율적으로 부여된 목적을 달성할 수 있다. 그렇다면 AI로봇에게 어떤 목적을 부여하는 것이 옳은 것인지 생각하지 않을 수 없다. 인공지능(AI)이 자신의 능력을 초월하는 인공지능(AI)을 스스로 만들어 낸다고 가정하면 인간의 존재 의미는 무엇인지, 인공지능(AI)과 인류의 공생이 가능한지 등 새로운 문제를 생각해야 할 것이다.

왜냐하면, 인공지능(AI)이 인간과 공생하는 존재가 아닌 오히려 위험한 존재로 등장할 가능성을 부정할 수 없기 때문이다. 나아가 인공지능(AI)이 인간의 행동과 의사결정에 깊이 관여하게 된다면 우리는

"정의란 무엇인가?", "선은 무엇인가?"하는 근원적인 물음에도 직면한다. 이와 같이 기술 혁신으로 탄생하게 되는 고성능 인공지능(AI)으로 인하여 다양한 윤리적인 문제에 직면하게 된다.

2. AI로봇과 윤리의 역할

인공지능(AI)을 장착한 다양한 제품들이 등장함에 따라 인공지능(AI)시대는 다가올 미래가 아니라 현실이 되었다. 인공지능(AI)의 유용성에 대한 기대감이 높아지고 있지만 다른 한편으로는 인공지능(AI)의 부정한 사용에 대한 경계심도 크다. 인공지능(AI)의 안전한 발전을 위해서는 위험을 적절하게 관리하는 구조와 인공지능(AI)에 대한 이해도를 높이는 것이 필요하다. 나아가 인공지능(AI)의 급속한 발전으로 법제도와 가치관, 윤리 등이 사회 구조와 서로 충돌하지 않도록 하는 것이 중요하다.

공학자, 경제학자와 법학자 등은 연구와 가치에만 한정할 것이 아니라 윤리를 중심으로 고성능 인공지능(AI)이 가져올 결과와 잠재적 위험성에 대비해야 한다. 인공지능(AI)의 개발과정에서 인간에게 위해를 가할 용도로 악용될 가능성을 방지하는 조치가 필요하다. 더욱이 인공지능(AI) 기술이 발전하게 되면 기계와 인간의 관계도 변화될 가능성이 있다. 기계와 인간의 새로운 관계가 형성된다면 그에 따라 새로운 윤리관을 정립하는 것이 필요하다.

인공지능(AI) 기술을 활용한 서비스 등으로 사람의 마음이나 행동이 조작 또는 유도되어 평가와 감정, 애정 등에 영향을 미친다고 한다면 특히 우리들이 알지 못하는 사이에 그러한 일이 발생할 수도 있어 불안과 우려가 생길 가능성이 있다.

인공지능(AI)의 발전으로 사회시스템이 바뀌게 되면 인간과 인공지능(AI) 사이의 윤리도 변하게 될 것이고, 윤리가 변하게 되면 법제도도 변하게 된다. 따라서 인공지능(AI)과 법제도의 관계에서 '인공지능(AI)과 인간의 윤리문제'는 중요한 과제가 된다.

　인공지능(AI)에 의한 기술 혁신 중에서 일상에서 접하게 되는 대표적인 것이 자율주행자동차이다. 자율주행자동차의 경우 '설계 → 제조 → 이용'의 각 단계에서 윤리적 문제가 발생할 수 있다. 여기에서는 윤리학의 고전적인 주제인 '트롤리의 문제', '육교의 문제', '다리의 문제' 등의 사례를 통하여 발생 가능한 인공지능(AI)의 윤리문제를 살펴본다.

(1) 트롤리의 문제

> 　트롤리(기차)가 선로를 달리는 도중 갑자기 통제 불능상태에 빠졌다. 계속 주행하게 되면 전방의 선로에서 작업 중인 작업자 5명은 트롤리에 치여 사망하게 된다. 선로 전환기 옆에 있던 A가 이 장면을 목격했다. A가 선로 전환기를 조작하여 트롤리의 방향을 바꾸면 5명의 작업자를 살릴 수 있으나 다른 선로에 있던 작업자 B가 확실히 치여 사망하게 된다. A는 트롤리의 방향을 전환해야 할 것인가?.

　<트롤리의 문제>는 주로 철학자나 윤리학자들의 사고(思考)실험이다.[1] 그러나 자율자행자동차의 등장으로 더 이상 사고의 실험이 아니게 되었다. 자율주행자동차의 설계자는 이러한 경우에 어떠한 선택을 할 것인지 사전에 프로그램을 해야 하는데, 이는 사회적 합의가 필요하다.[2]

---

1) 이주석, "도덕직관에 관한 윤리적 해명 가능성-트롤리 딜레마의 경우-", 철학논총 제90집 제4권, 새한철학회, 2017, p.365.
2) 이상돈·정채연, "자율주행자동차의 윤리화의 과제와 전망", IT와 법 연구 제15집, 경북대학교 IT와 법 연구소, 2017, p.310.

사례에서 보는 바와 같이 A는 트롤리의 방향을 바꾸지 않고 5명의 작업자를 죽음에 이르게 하거나, 방향을 바꾸어 B를 희생시키고 5명의 작업자 생명을 구하는 두 가지 중에 선택을 해야 한다. 이러한 상황에서 갈등하면서도 선로의 방향을 전환하는 것으로 선택하는 사람이 많을 수 있다.3) 이 경우에 A가 선택하게 된 사정을 고려한다면 A의 행위는 긴급피난이 성립될 가능성이 있다.

(2) 육교의 문제

갑자기 제어가 불가능한 상태의 트롤리(기차)가 계속 달리면 전방의 선로에서 작업 중인 작업자 5명이 치여 사망하는 상황이다. A는 이 선로에 가설된 육교 위에서 서로 모르는 C와 함께 이러한 상황을 지켜보고 있었다. C는 꽤 체중이 있어서 C를 다리에서 선로로 밀어서 떨어뜨리면 C가 장애물이 되어 트롤리는 선로 상에서 멈추게 되고 작업자 5명을 구할 수 있지만 C는 확실히 죽게 된다. A는 C를 밀어서 철로 위로 떨어뜨려야 할까?

(A가 C를 밀어 떨어뜨리는 데에 실패할 가능성은 없는 것으로 한다)

1) 공리주의와 의무론의 관점

<육교의 문제>에서 대부분의 사람들은 C를 밀어 떨어뜨려 작업자 5명을 구하는 것은 적절하지 않다고 생각한다. <트롤리의 문제>와 <육교의 문제>에서 공통점은 '1명의 희생으로 5명의 생명을 구하는 것이 옳은가?'라는 점이다.

많은 사람들은 <트롤리의 문제>에서 '1명의 희생으로 5명의 생명을 구해야 한다'라고 생각하면서도, <육교의 문제>에서는 '1명

---

3) 강철, "오직 수단으로만 대우하는 것은 그른가: 오직－수단 원칙과 트롤리 문제를 중심으로", 철학연구 제110집, 철학연구회, 2015, p.148.

의 희생으로 5명의 생명을 구해서는 안 된다'고 생각하는 것으로 알려져 있다. 이것은 공리주의와 의무론 사이에서 인간의 딜레마가 존재하기 때문이다.

공리주의의 입장에서는 <트롤리의 문제>와 <육교의 문제> 모두 '1명의 희생으로 5명의 생명을 구해야 한다'는 선택을 하게 된다. 왜냐하면 공리주의는 행위가 가져오는 결과를 중요시하는 사고이기 때문이다. 하지만 의무론의 입장인 '어떠한 상황에서도 사람의 생명을 다른 목적을 위하여 이용할 수는 없다'는 점에서 생각한다면 <트롤리의 문제>와 <육교의 문제> 어느 경우에도 '1명의 희생으로 5명의 생명을 구하는 것은 허용되지 않는다'고 하게 된다. 왜냐하면 의무론은 '행위의 가치는 그 행위가 가져오는 결과나 목적에 의해 판단되는 것이 아니라, 어떤 경우에도 누구나 지켜야 하는 보편적인 도덕률이 존재한다'고 생각하기 때문이다.

2) 이중효과

그러나 현실에서는 반드시 그렇지는 않다. <트롤리의 문제>와 <육교의 문제>에서 모순되는 행동이 좋은 결과를 위한 수단이 되어 위해를 발생시키는 것은 허용될 수 없지만, 때로는 부작용으로 좋은 결과를 가져오는 것이 허용된다는 '이중효과(Doctrine of Double Effect)'[4]의 관점에서 설명이 가능하다.

<트롤리의 문제>에서는 트롤리의 방향을 전환하면 B의 죽음이 확실히 예상되지만, A가 의도하는 것은 5명의 작업자의 생명을 구하는 것이며 B의 죽음은 부수적인 결과에 불과하다. 이와는 달리 <육교의 문제>에서는 A의 직접적인 의도는 C를 밀어 떨어뜨리는 것에 있고, C의 죽음의 부수적인 결과로 5명 작업자의 생명을 구할 수 있

---

4) 강명신, "이중효과원리와 트롤리 사례 실험: 선의 추구에 대한 의무론적 제약", 윤리학 제3권 제1호, 한국윤리학회, 2014, p.35.

다. 따라서 '이중효과'의 관점에서 보면 전자의 경우는 정당화될 수 있지만, 후자의 경우는 정당화될 수 없다.[5]

윤리적인 면에서 보면 인간이 이러한 문제에서 반드시 일관된 태도를 취하는 것은 아니고, 또한 일관되지 않는 태도에 대한 명확한 이유도 모른다. 그러한 윤리적인 면에서 인간이 정답을 찾지 못하는 문제도 인간의 능력을 초월하는 인공지능(AI)은 정답을 도출할 수도 있다. 신체적인 감각을 가진 인간에게 신체적인 접촉이 동반된 위해는 그렇지 않은 위해보다 비도덕적이라 판단할지라도 인공지능(AI)은 이러한 가치판단 없이 정답을 도출할 수도 있다. 인공지능(AI)에 의해 도출된 정답이 인간에게 수용될 수 있을지는 도덕적인 측면과 법제도적 관점에서 지속적인 논의가 필요하다.

(3) 다리의 문제

깊은 계곡에 매우 폭이 좁은 다리(편도 1차선)가 설치되어 있다. A가 운전하는 자율주행자동차가(A만 승차) 다리 위를 주행하고 있었는데, 반대 차선을 주행하고 있던 스쿨버스(학생 30명 승차)가 갑자기 중앙선을 넘어 A의 차량으로 돌진해왔다. 이때 A의 차량이 가속해서 직진하면 스쿨버스의 옆을 빠져나가 A는 살 수 있지만 스쿨버스는 그대로 절벽 아래로 추락하고 타고 있던 학생 30명 전원이 사망하는 것이 확실하다. 반면에 A가 차량을 가속하지 않고 직진하면 A의 차량은 스쿨버스와 충돌하여 A는 그 충격으로 사망하지만, 충돌에 힘을 잃은 스쿨버스는 절벽 아래로 떨어지지 않고 타고 있던 학생 30명 전원이 살아남는다. 이때 A는 차량을 가속해야 할까?, 가속하지 말아야 할까?.

---

5) 相馬正史・都筑譽史, 道德的ジレンマ狀況における意思決定研究の動向, 立教大學 心理學研究 55号, 2013, pp.67–77.

<다리의 문제>가 <트롤리의 문제>나 <육교의 문제>와 차이점은 A의 자기희생이 동반되는지 여부이다. <트롤리의 문제>와 <육교의 문제>에서는 A가 자신의 생명을 스스로 희생해야 하는 상황은 아니지만, <다리의 문제>에서는 'A가 자신의 생명을 스스로 희생하여 다른 사람의 생명을 구해야 하는가?'라는 점에서 논쟁의 여지가 있다.

공리주의의 입장에서 보면 <다리의 문제>에서도 A가 차량을 가속할 것이 아니라 현재 상태를 유지하여 스쿨버스와 충돌함으로써 스쿨버스에 탄 학생 30명의 생명을 구하는 것이 바람직할지 모른다. 그렇다면 자율주행자동차의 프로그램 설계자는 사전에 자율주행자동차가 <다리의 문제>에 직면하는 경우 자율주행자동차를 가속하지 않고 운전자의 생명을 희생하는 것으로 인공지능(AI)에게 학습시켜야 할 것인지 정해야 하고, 만일 그렇게 한다면 그렇게 설계된 자율주행자동차를 구입하려는 사람이 얼마나 있을지 의문이다.

공리주의의 입장에서는 인공지능(AI)에 윤리를 학습시키는 것 자체가 타당한지 의문이 생기는데 이러한 입장에서 행동하게 되면 오히려 사정이 더 복잡하게 될 수도 있기 때문이다. 예를 들면, 한 차량에는 남은 생애가 3년인 운전자, 다른 차량에는 남은 생애가 25년인 운전자가 타고 있는 경우에 어느 차량의 안전을 우선으로 해야 하는가? (두 차량은 운전자에 관한 정보를 교환할 수 있는 것으로 전제한다). 또한 두 차량의 운전자가 남은 생애가 5년인 경우 한 사람은 세금체납자이고, 다른 사람은 고액납세자이라고 한다면 어떨까? 이것은 예시에 불과하지만 운전자의 매개변수를 변경하게 되면 논의는 더욱 복잡하게 된다.

현재 단계에서는 자율주행자동차의 프로그램 설계자에게 타인의 생명에 대한 판단을 강요하는 것이 될 수도 있다. 향후 자율주행자동차의 센싱 기술이 발전하면 할수록 유사하거나 더 많은 문제가 발생할 가능성이 있다. 이러한 경우를 고려해서 사회적 합의를 전제로 하는 대책을 법제도에 수용하는 것이 필요하다.6)

3. AI로봇과 윤리적 프로세스

(1) 사회적 합의

인공지능(AI)과 관련한 윤리의 문제는 명확한 답을 도출하기 어려운 점이 있으나 인공지능(AI)의 발전으로 인한 사회의 부정적인 영향에 대처하기 위해서는 법제도의 정비와 윤리의 방향을 모색하는 것이 필요하다. 인공지능(AI)의 발전과 그 성과를 우리 사회에 도입하기 위해서는 사회에서의 대화도 중요한 과제가 된다. 인공지능(AI) 윤리의 문제는 도출된 결론뿐만 아니라 결론에 이르게 되는 프로세스(Process)의 적정성도 중요하기 때문이다.

인공지능(AI)의 사회적 영향은 매우 광범위하므로 과거 과학기술의 윤리제도의 예를 들면, 유전자 재조합의 기술이나 뇌사, 장기이식 등 과학기술에 관한 문제에서 이용되는 '컨센서스(Consensus) 회의' 등과 같은 방법을 참조하는 것도 하나의 방법이다. 또한 '컨센서스(Consensus) 회의' 이외에도 '토론형 여론조사(Deliberative Polling)'의 활용도 고려할 수 있다.7)

'토론형 여론조사'는 모집단이 대표성을 가질 수 있도록 통계적으로 참가자를 표본추출(Sampling)하여 선택하므로 적극적인 참가희망자뿐만 아니라 투표에 참여하지 않는 계층도 포함하는 사회의 축도

---

6) 정용기·송기복, "자율주행자동차와 긴급피난의 문제에 관한 논의", 안보형사법연구, 한국안보형사법학회, 2018, pp.83−84.
7) 이대현·김유정, 일본 원전정책 관련 공론화 사례와 시사점, World Nuclear Power Market Insight, 에너지 경제연구원, 2017, p.11.

(縮圖)를 구축하는 것이 가능하다는 특징이 있다. 나아가 의제로 공공정책에 관한 모든 문제를 전문가의 의견 등이 정리된 후에 토론을 진행하게 됨으로써 참가자는 의제를 표면적으로 이해하는 것이 아니라 장기적인 관점에서 숙고하여 의견을 제시할 수 있다.

따라서 인공지능(AI)에 관한 공통된 의견을 형성하는 데에 있어서 인공지능(AI) 연구자로부터의 정보제공은 물론 정보를 받아들이는 입장에서도 응용력이 요구되고, 응용력을 높이기 위해서는 특화된 교육이 아닌 기초적인 교육을 지속적으로 행하는 것이 중요하다.

그리고 인공지능(AI)이 사회에 도입되는 과정에서는 철학과 윤리 분야의 전문가와 인공지능(AI) 연구자뿐만 아니라 법률가의 역할도 필요하다. 법률가는 인공지능(AI)이 도입되는 과정에서 법제도를 검토하고 조정해야 하기 때문이다. 고성능의 인공지능(AI)에 대응하기 위해서 현행 법제도와 함께 새로운 법제도를 구성하려면 상당한 반발과 혼란이 초래될 수 있다. 따라서 법률가는 현행 법률에 대한 이해를 바탕으로 법제도 내에서 해결이 가능한 문제와 해결될 수 없는 문제를 구별하는 것이 중요하다.

나아가 인공지능(AI)을 사회에 폭넓게 도입하기 위한 시스템을 구비해야 하고 그러한 프로세스(Process)에도 적극적인 기능과 역할을 수행해야 한다. 게다가 기업이 인공지능(AI)을 활용하고, 인공지능(AI)이 사회에 정착되기까지 기업에 법률전문가가 참여하는 '윤리위원회'를 설치하는 것도 필요하다. '윤리위원회'에서 인공지능(AI)의 사용에 수반되는 위험이나 윤리적 과제를 논의하게 된다면 예상하지 못했던 상황이 발생할 경우 사회적 혼란이나 기업에 대한 사회적 비판 등은 어느 정도 감소할 것이다.

(2) 윤리위원회의 역할

인공지능(AI)에 관한 윤리의 문제는 복잡하여 간단하게 정답을 도출하기 어려운 경우가 많다. 왜냐하면 인공지능(AI)을 개발하는 현장에서 많은 사람들이 어려운 문제라고 생각하여 그 이상을 생각하지 않기 때문이다.

실제로 의료분야에서 윤리의 문제에 직면하는 경우가 많다. 예를 들면, 태아에게 유전자 진단을 해도 좋을지, 만약 이상이 있다고 판단되는 경우에 낙태를 해야 하는지, 안락사를 인정하는 것이 옳은 일인지 등의 생명과 관련된 문제이다. 따라서 의료분야에서는 인체를 대상으로 하는 새로운 진료방법을 연구개발하는 경우 「기관생명윤리위원회」를 설치 · 운용함으로써 생명윤리와 안전을 확보하고 있다.8) 이와 유사하게 의료분야에서 인공지능(AI)과 윤리의 문제는 생명윤리와 안전을 어떻게 확보할 것인지 중요한 과제가 된다.

그러므로 생명 · 신체에 영향을 미치는 인공지능(AI)을 연구개발하는 경우에는 전문가로 구성된 '윤리위원회'를 설치하여 윤리적 · 사회적 · 법률적 관점에서 주요 내용을 심사하여 일정한 기준을 통과하는 경우에만 판매를 허용하는 시스템을 구축하는 것이 필요하다. '윤리위원회'는 윤리적 · 사회적 관점에서 연구개발의 내용을 선별, 검사함으로써 반윤리적 · 반사회적인 AI로봇이 사회나 이용자에게 악영향을 미치거나 피해를 주는 것을 방지할 수 있다.

---

8) 「생명윤리 및 안전에 관한 법률」 제10조(기관생명윤리위원회의 설치 및 기능)
　① 생명윤리 및 안전을 확보하기 위하여 다음 각 호의 기관은 기관생명윤리위원회(이하 "기관위원회"라 한다)를 설치하여야 한다.
　　1. 인간대상연구를 수행하는 자(이하 "인간대상연구자"라 한다)가 소속된 교육 · 연구 기관 또는 병원 등
　　2. 인체유래물 연구를 수행하는 자(이하 "인체유래물연구자"라 한다)가 소속된 교육 · 연구 기관 또는 병원 등

또한 AI로봇이 유통된 이후에 발생되는 윤리적인 문제로 사회적 비판을 받거나 AI로봇을 리콜(Recall)해야 하는 등의 위험성을 억제하는 데에 효과적인 역할을 할 수 있다.

다른 한편으로 '윤리위원회'를 설치하는 것은 연구자와 개발자를 보호하는 방법이 될 수 있다. 원래 윤리의 문제는 가치관이나 사회 구조 등의 상황에 따라 달리 적용될 수 있기 때문에 연구자나 개발자의 개인적인 윤리에 위임하게 되면 기업의 위험부담이 커지게 된다. 그리고 제품의 제조나 판매과정에서 윤리의 문제가 발생하는 경우에 연구자나 개발자의 개인적인 윤리관에 대하여 비난할 수 있겠지만 윤리위원회의 심사를 거친 경우에는 윤리적인 문제의 책임이 연구자나 개발자 개인만의 책임이 아니라 윤리위원회의 책임으로 분산되어 공동의 책임으로 될 수 있다.

그리고 인공지능(AI)의 윤리문제는 윤리위원회에서 충분한 검토와 심사를 통해서 윤리위반 행위를 배제할 수 있게 되는 것은 물론, 트롤리의 문제 등과 같이 판단하기 어려운 윤리문제 등의 경우에도 왜 그러한 판단을 하게 되었는지의 설명과 함께 반론도 가능하게 된다. 또한 인공지능(AI) 윤리에 관한 문제의 본질은 결론의 옳음이 아니라 어떠한 설명이 가능한지에 대한 과정도 고려할 수 있다.

따라서 인공지능(AI)의 윤리문제를 해결하기 위한 방법의 하나로 인공지능(AI)을 연구개발하는 기업 등에서 윤리위원회를 설치하는 것이 유익할 수 있다.[9] 그리고 인공지능(AI) 윤리위원회에서 규정해야 할 윤리 기준·지침이나 운영규칙 등에 대한 실효성을 확보하기 위해서는 기술과 법률분야의 외부 전문가 등으로 다양하게 구성하는 것이 필요하다.

---

9) 이승준, "자율주행자동차 사고 시 '형사책임에 따른 자율주행자동차의 운행과 책임에 관한 법률안' 시도", 법제연구 제53호, 법제연구원, 2017, p.596.

제 2 절 AI로봇과 행정

1. AI로봇의 법제도와 정책

AI로봇의 보급이 확대됨에 따라 사회에 미치는 부정적 영향이 증가하고 있으나 이에 대한 행정적 규제 또는 방지시스템은 미비한 상태에 있다. 그리고 AI로봇의 이용과 촉진, 규제의 방침과 정책의 통일성을 유지하기 위해 법제도와 정책의 기본적인 방향을 개별적으로 검토하기보다는 다원적으로 검토하고 종합적인 계획을 수립하여 시행하는 것이 필요하다.

따라서 AI로봇의 상용화가 진행됨에 따라 발생하는 문제에 대해 해결해야 할 과제들을 규율하기 위해서는 거시적 관점과 미시적 관점으로 구분하여 기준을 마련해야 할 것이다. 우선 행정의 거시적 관점에서의 접근은 인공지능(AI) 또는 AI로봇 등을 개발하고 사용하는 경우에 어떤 분야를 불문하고 공통적으로 규율이 필요한 부분과 과제들을 포함한다. 그리고 사회에 유용한 AI로봇의 연구개발과 활용을 장려하면서도 부정한 사용으로 인한 사회적 폐해를 방지하는 데에 효과적으로 기능할 수 있도록 포괄적, 체계적으로 규정하는 것이 필요하다. 여기에는 프로파일링의 규제와 안전시스템에 대한 법적 승인도 포함되어야 한다. 우리 사회의 모든 분야에 걸쳐서 문제가 될 수 있는 것을 규율한다는 점에서 하향식(Top-Down)의 발상이라고 할 수 있다.

한편, 미시적 관점에서의 접근은 각 분야별로 구분해서 연구개발의 촉진과 지원, 세부적인 규제 등의 구체적인 기준을 마련하는 것이다. AI로봇의 도입으로 일정한 변화가 생기게 되면 사회의 각 분야에서 어떻게 대응할 것인지에 대한 검토와 분석, 규제의 구체적인 방법 등을 파악해야 한다. 미시적 관점은 사회의 안전을 확보하기 위한 요소들을 전제로 하는 점진적인 대응 방법과 현행법상의 규제 범위나 방법 등을 고려해서 근본적으로 제도를 만들거나 바꾸는 방법을 생각할 수 있다.

이는 각 분야별로 기술적인 특성과 이익, 사회적 영향 등을 비교·검토한 후에 그 실효성 여부를 판단해야 한다. 그리고 사회 각 분야의 다양한 의견에 대한 사회적 논의와 합의 절차를 거쳐서 법제도를 정비하는 노력이 필요하고, 거시적 관점의 기본방향과 내용도 참조해야 한다. 이는 사회의 각 분야에서 필요한 법제도를 개별적으로 검토하고, 의견을 수렴하는 상향식(Bottom-Up) 방식이다.

나아가 미시적 관점은 교통 시스템이나 소형 무인항공기, 환자의 간호 등과 같은 분야에서도 도입 시기와 기술적인 측면 등을 고려하여 사회적인 합의가 이루어진 분야에서부터 진행하는 것이 바람직하다. 이러한 각 분야에서 예상되는 문제점과 해결방법을 거시적 관점에서 피드백하여 다른 분야에도 어떻게 응용하여 적용할 것인지 검토해야 한다.

또한 AI로봇의 상용화에 대하여 정부가 어느 정도의 수준으로 행정적 규제를 할 것인지, 어느 분야에서 어떻게 규제할 것인지, 그 논의와 결정과정에 어떠한 이해관계자들을 참여시킬 것인지도 고려해야 한다.

2. 행정적 규제의 유형과 대응

(1) 예방사법으로서의 행정과 AI로봇

행정법은 민사법상의 손해배상이나 형사법상의 형벌로는 해결할 수 없는 분쟁의 해결방법을 규정하고 있다. 일반시민들은 활동의 자유와 선택의 자유를 가지지만 그것이 사회적으로 위험한 활동인 경우에는 행정기관에서 이를 규제하고 사회에 대한 위험이 확실한 경우와 불확실한 경우, 통제·관리가 가능한 위험 등을 구분하고 합리적인 범위 내에서 해결해야 한다.10)

시장 거래를 규율하는 것은 민사법의 영역이다. 예를 들면, 거래 관계를 규율하는 규칙인 계약에서 매매의 목적물에 불만이 있는 경우에는 매수인이 그 계약을 취소할 수 있는지, 매도인이 손해배상책임을 부담하는지 여부가 문제된다. 또한 계약 당시에 착오나 사기 등 하자가 있는 경우에는 계약을 취소할 수 있고,11) 계약관계가 아닌 경우에도 불법행위로 인한 구제의 방법이 있으며12) 일정한 분쟁에 대해서는 형사법으로 대응할 수 있다. 이 같은 민사법이나 형사법의 규정은 원칙적으로 분쟁이나 사고가 발생한 이후에 대응하는 방식이다.

그러나 행정법에 의한 규제는 민사법이나 형사법과 달리 사전에 분쟁을 예방하는 기능이 강조되고 있다. 예를 들면, 사회에서 어떤 활동이 금지되어 있더라도 일정한 조건에 해당되고 행정기관의 허가를 받게 되면 그 금지가 해제될 수 있다. 행정기관의 허가를 위한 요건으로 준수해야 하는 안전기준이나 시험 등이 있는데 이러한 기준을 규정함으로써 일정한 안전성을 확보할 수 있다. 행정기관의 허가를 받은 자가 허가를 받은 후에 그 기준에 미치지 못하거나 위험한 활동을

---

10) 박균성, "과학기술위험에 대한 사전배려원칙의 적용에 관한 연구", 행정법연구 제21호, 행정법이론실무학회, 2008, p.145.
11) 「민법」 제110조(사기, 강박에 의한 의사표시)
① 사기나 강박에 의한 의사표시는 취소할 수 있다.
② 상대방 있는 의사표시에 관하여 제삼자가 사기나 강박을 행한 경우에는 상대방이 그 사실을 알았거나 알 수 있었을 경우에 한하여 그 의사표시를 취소할 수 있다.
12) 「민법」 제750조(불법행위의 내용) 고의 또는 과실로 인한 위법행위로 타인에게 손해를 가한 자는 그 손해를 배상할 책임이 있다.

하게 되면 행정기관은 허가를 취소할 수 있고, 경우에 따라서는 개선 등의 행정명령을 할 수 있다.

또한 행정기관은 사후적 대응도 가능하다. 큰 사고가 발생한 경우에 행정기관은 피해자 구제와 함께 조사의 권한을 행사하거나 사고를 발생시킨 사업자에게 사고에 대한 보고를 요청할 수 있고, 필요한 경우 사업의 정지 또는 상품의 회수를 명령함으로써 동일한 사고가 재발하지 않도록 한다. 이와 같은 행정법의 사전적 예방기능과 사후적 대응방법 등의 행정절차를 AI로봇의 설계와 제조, 이용과정에 적용함으로써 AI로봇의 사회적 위험에 대응할 수 있다.

(2) 사회 안전을 위한 행정과 AI로봇

인공지능(AI)의 상용화로 버스운행관리 시스템, 버스운행정보 시스템, 24시간 무인관광안내 시스템 등 다양한 분야에서 첨단 IT기술이 활용되고 있다. 다양한 첨단 IT 기기에 인공지능(AI)이 장착되어 스스로 학습하고, 인공지능(AI)이 장착된 시스템이 서로 결합하게 되면 인간의 생활이 더욱 편리해지는 것과 동시에 위험요소도 나타나게 된다.

사회의 안전에 대한 다양한 위험에 대처하기 위해서는 민사책임, 국가형벌권을 행사하는 형사책임, 그리고 행정적 규제와 책임부담 등을 조합하여 행하는 종합적인 대응이 필요하다. 예를 들면, 교통사고가 발생한 경우에 운전자는 사고발생에 대하여 피해자의 손해를 배상해야 하고(민사적 책임), 사상자가 발생하였거나 중대한 의무위반이 있으면 형사처벌을 받게 된다(형사적 책임). 나아가 운전면허가 정지되거나 취소될 수 있다(행정적 책임). 이와 같이 AI로봇으로 인해 사회의 안전이 위협받는 사건이 발생한 경우에는 설계자·제조자·이용자 등에 대한 다양한 책임이 가능하다.

그러나 AI로봇 기술의 발전과 상용화가 급속하게 진전되더라도 이러한 행정규제적 대응 방법이 바로 변하는 것은 아니다. 그리고 AI로봇의 활동과 관련한 대응 방향을 설정할 때 사회의 변화에는 긍정적인 측면과 부정적인 측면이 있다는 것을 고려해야 한다. 왜냐하면 새로운 기술이 개발될 때마다 지금까지 존재했던 위험성을 제거하여 문제를 해결함으로써 편리성을 향상시키거나, 지금까지 존재하지 않았던 새로운 가치를 창조하는 등의 긍정적인 영향이 있기 때문이다.

이와 반대로 지금까지 어떤 기술로 인하여 사회에 미치는 영향이 적어서 논의되지 않았던 위험성이 사회 전반으로 확산되거나 위험에 대처하는 새로운 방법이 제시되었을 때에 제대로 적응하지 못하는 등의 부정적인 영향도 있다.

나아가 사회 변화의 과도기에 생기는 혼란도 있을 수 있다. 어떤 분야에서 기존의 사용방법들이 크게 변하였기 때문에 기존의 것에 적응된 사람들이 새로운 방법에 대응하지 못하는 경우도 있다. 또한 새로운 방법이 과도기적인 단계에 머물러 있어서 충분한 대응 능력을 갖추지 못함으로써 기대한 만큼의 기능을 발휘하지 못하는 경우도 있다.

AI로봇 기술의 발전으로 사회에 어떠한 위험과 영향을 가져오게 될 것인지 정확하게 예측하는 것은 어려운 일이다. 지금까지 큰 문제로는 비화되지 않았지만 AI로봇의 상용화로 나타날 수 있는 특성들을 고려하면 향후 고성능 AI로봇의 등장으로 예견되는 문제에 대한 해결 방향을 생각해야 한다. AI로봇의 상용화 과정에서 안전에는 어떠한 문제가 발생할 것인지, 이와 같은 문제에 행정시스템은 어떻게 대응할 수 있는지를 검토하여 AI로봇이 보급된 사회에서 행정규제의 기본적인 방향을 보다 구체적으로 마련할 필요가 있다.

다만, AI로봇에 대한 행정규제의 기본방향을 연구한다는 것이 반드시 AI로봇이 행정규제를 받아야 한다는 의미는 아니다. 오히려 지금까지 다양한 방법과 경험으로 확보해온 안전을 위한 규제의 밀도가 AI로봇의 보급으로 인하여 무차별하게 감소되지 않도록 본래의 기본적인 틀을 재검토하는 것도 의미가 있다.

(3) 소비자 안전을 위한 행정과 AI로봇

일반적으로 행정권한을 행사하여 시민의 자유와 권리를 제약하려면 법률에 근거가 있어야 한다. 사회의 안전을 확보하기 위하여 행정규제를 하는 경우에는 그 근거 법률은 각각의 목적과 대상이 다르고, 현실적으로 법률을 조합하여 규율하게 된다는 점에 유의하여야 한다.

행정규제 중에서도 특히 소비자법제는 민사법, 형사법, 행정법의 조합이 중요하다.[13] 소비자와 사업자 사이에는 정보의 질과 양 그리고 교섭력에 큰 차이가 있기 때문이다.

지금까지의 민사법, 형사법, 행정법은 이러한 격차에 대한 대응이 다르므로 이러한 법률의 조합이 필요한 소비자법제에서는 그 차이를 줄이는 것에 중점을 두어야 한다.[14]

소비자 피해의 유형은 권유분야(거래)와 표시분야(품질정보), 안전분야(품질)로 구분할 수 있다.

첫째, 권유분야의 피해는 거래 내용에 적절한 설명이 없어서 발생한 피해를 말한다.

---

13) 서희석, "우리나라 소비자법제의 발전과정과 그 특징 — 한국형 입법모델의 제시를 위한 서론적 고찰 —", 소비자문제연구 제42호, 한국소비자원, 2012, p.175 이하에서는 소비자 법제는 소비자행정법, 소비자형사법, 소비자사법, 소비자절차법 등으로 분류되고, 특히 소비자행정법은 소비자와 관련된 모든 행정법규의 총체라고 한다.
14) 백병성·송민수·이광진, "소비자의 개념 확대에 관한 연구", 소비자보호원, 2011, p.22.

둘째, 표시분야의 피해는 상품에 붙여진 품질이나 산지에 대한 잘못된 정보나 정확하지 않은 표현으로 인하여 발생한 피해를 말한다.

셋째, 안전분야의 피해는 식품이나 제품, 시설설비, 서비스의 안전성에 대한 내용이 누락되어 있거나 잘못 사용된 경우에 그 대응의 부재로 발생한 사고 등의 피해를 말한다.[15]

소비자법제의 특징은 사업자와 소비자 사이에 정보나 교섭력의 차이가 있어서 그것을 바꾸려고 시도한다는 점이다.[16] 그러한 예로는 「소비자기본법」[17]을 들 수 있다.

「소비자기본법」은 사업자와 소비자 사이에 맺은 계약에서 사업자가 부적절하게 권유하여 소비자가 오인한 경우[18]에 소비자의 취소권을 인정하거나 소비자의 이익을 부당하게 해하는 거래를 무효로 하여 민사상으로 그 효력을 변경할 수 있다.

따라서 AI로봇으로 위험이 발생하는 경우 소비자의 안전을 위한

---

15) 이승신 외, 소비자피해 유형 분석, 피해구제제도 연구, 공정거래위원회 연구용역 보고서, 공정거래위원회, 2000, p.10.
16) 이승진 · 박희주, "소비자 기만행위 규제방안 연구", 정책연구 제18권 제3호, 한국소비자원, 2018, p.8.
17) 「소비자기본법」의 목적은 소비자의 권익을 증진하기 위하여 소비자의 권리와 책무, 국가 · 지방자치단체 및 사업자의 책무, 소비자단체의 역할 및 자유시장경제에서 소비자와 사업자 사이의 관계를 규정함과 아울러 소비자정책의 종합적 추진을 위한 기본적인 사항을 규정함으로써 소비생활의 향상과 국민경제의 발전에 이바지함을 목적으로 제정되었다(소비자기본법 제1조).
18) 「소비자기본법」 제19조(사업자의 책무)
① 사업자는 물품 등으로 인하여 소비자에게 생명 · 신체 또는 재산에 대한 위해가 발생하지 아니하도록 필요한 조치를 강구하여야 한다.
② 사업자는 물품 등을 공급함에 있어서 소비자의 합리적인 선택이나 이익을 침해할 우려가 있는 거래조건이나 거래방법을 사용하여서는 안된다.
③ 사업자는 소비자에게 물품 등에 대한 정보를 성실하고 정확하게 제공하여야 한다.
④ 사업자는 소비자의 개인정보가 분실 · 도난 · 누출 · 변조 또는 훼손되지 아니하도록 그 개인정보를 성실하게 취급하여야 한다.
⑤ 사업자는 물품 등의 하자로 인한 소비자의 불만이나 피해를 해결하거나 보상하여야 하며, 채무불이행 등으로 인한 소비자의 손해를 배상하여야 한다.

행정상 책임이라는 목적을 중심으로 여러 부처가 함께 담당하는 횡적인 구조가 필요하다. 나아가 사회의 안전을 확보하는 법제도를 확립하기 위해서 민사법, 형사법, 행정법을 조합해야 하고, 행정규제의 목적으로 소비자와 사업자 사이의 정보와 교섭력의 차이를 줄이는 소비자법제의 관점에서의 행정적 규제가 필요하다.

3. 네트워크화에 따른 대응

행정적 규제는 기존 제품으로부터 발생한 사고에 대응하기 위해 제정된 틀이지만 새로운 기술과 관련해서도 다양한 문제가 생길 수 있다. 예를 들면, 사물인터넷(Internet of Things) 등으로 전기제품의 안전을 확보하는 데에 국가의 안전기준이 문제될 수 있다. 과거에는 전기제품의 안전에 대해서 「전기용품안전 관리법」으로, 공산품의 안전에 대해서는 「품질경영 및 공산품 안전관리법」으로 규율해왔다.

최근에는 일반 소비자의 생활에 사용되는 전기용품의 위해로부터 국민의 생명·신체 및 재산을 보호하기 위하여 「전기용품 및 생활용품 안전관리법」[19)]으로 통합하여 시행하고 있다. 과거에는 전기용품의 on/off는 기본 스위치를 원칙으로 하고, 원격조작에 대해서는 보이

---

19) 「전기용품안전 관리법」은 전기용품과 공산품의 안전관리제도를 통일적이고 종합적으로 운영하여 전기용품 등의 위해로부터 국민의 생명·신체 및 재산을 보호하기 위하여 종래의 「전기용품안전 관리법」과 「품질경영 및 공산품안전관리법」을 통합하여 하나의 법률로 규정하고, 안전인증을 받은 전기용품 등의 안전성 유지를 확인하기 위한 검사의 종류를 줄이고 주기를 늘려 제조자 등 사업자의 영업활동에 대한 부담을 경감하며, 안전확인신고의 효력상실 처분을 할 수 있도록 하고, 인터넷을 통한 판매업자 등에게 인터넷 홈페이지에 제품안전 관련 정보를 게시하도록 하여 소비자에게 관련 정보를 제공함으로써 안전관리대상제품의 안전성 유지를 위한 감독을 강화하는 등을 목적으로 2017. 1. 28부터 시행되고 있다(법제처, 2021.9.30 최종방문).

는 범위 내에서 적외선 등을 사용하는 콘트롤러(Controller) 밖에 인정하지 않았다. 그러나 에너지 절약과 보수 관리를 위해서 다양한 장소에 설치된 방대한 수의 라우터(Route)가 통신장치의 전기용품(배선기구)과 접속하고, 부하기기(루터와 조명기구 등)를 원격으로 조작하거나 스마트폰을 통해서 원격으로 조작하는 등의 수요가 다양해졌다.

이와 같이 기술의 발전에 따라 대응하는 규제의 내용도 수시로 변경되어야 한다. 소비자측에서 경고 표시의 준수라는 형태로 안전 확보를 요구하고 있다는 점에도 주목해야 할 것이다.

사물인터넷(Internet of Things)의 발전으로 민사책임에 관한 규정에도 문제가 발생할 수 있다. 「제조물책임법」의 적용 대상이 되는 "제조물"은 제조되거나 가공된 동산(다른 동산이나 부동산의 일부를 구성하는 경우를 포함한다)이라고 정의[20]하고 있어서 소프트웨어 자체는 대상에서 제외된다.[21]

그리고 인터넷상의 약관은 「제조물책임법」보다 서비스 제공자의 책임을 제한하고 있기 때문에 소비자의 책임이 더 큰 경우가 있다. 품

---

20) 「제조물책임법」 제2조(정의) 이 법에서 사용하는 용어의 뜻은 다음과 같다.
   1. "제조물"이란 제조되거나 가공된 동산(다른 동산이나 부동산의 일부를 구성하는 경우를 포함한다)을 말한다.
   2. "결함"이란 해당 제조물에 다음 각 목의 어느 하나에 해당하는 제조상·설계상 또는 표시상의 결함이 있거나 그 밖에 통상적으로 기대할 수 있는 안전성이 결여되어 있는 것을 말한다.
    가. "제조상의 결함"이란 제조업자가 제조물에 대하여 제조상·가공상의 주의의무를 이행하였는지에 관계없이 제조물이 원래 의도한 설계와 다르게 제조·가공됨으로써 안전하지 못하게 된 경우를 말한다.
    나. "설계상의 결함"이란 제조업자가 합리적인 대체설계(代替設計)를 채용하였더라면 피해나 위험을 줄이거나 피할 수 있었음에도 대체설계를 채용하지 아니하여 해당 제조물이 안전하지 못하게 된 경우를 말한다.
    다. "표시상의 결함"이란 제조업자가 합리적인 설명·지시·경고 또는 그 밖의 표시를 하였더라면 해당 제조물에 의하여 발생할 수 있는 피해나 위험을 줄이거나 피할 수 있었음에도 이를 하지 아니한 경우를 말한다.
21) 이상수, 4차 산업혁명 시대, 소프트웨어의 제조물책임 입법, 제4차 산업혁명과 소프트파워 이슈리포트 2017-제16호, 정보통신산업진흥원, 2017, p.8.

질보증은 완전한 동작이나 성능을 보장하는 것이 아니라 최대한 노력
(Best Effort형)을 하는 형태로 규정되어 있는 경우가 많다.

나아가 보안상 위험을 생각하면 오히려 이용자측에서 업데이트
여부에 대한 대응이 필요하다. 왜냐하면 그 과정에 데이터 교환이 많
이 일어나므로 다수의 개인에 관한 데이터가 대량으로 수집될 위험성
도 있기 때문이다.

이러한 문제는 사물인터넷(Internet of Things)의 발전으로 일상생
활에서 나타나는 중요한 문제이므로 기존의 논리로 규율해야 할 것인
지, 아니면 새로운 틀을 만들어서 규율해야 할 것인지는 향후 해결
해야 할 과제이다. 또한 이러한 논의는 주로 민사적 규제를 염두에
두고 있지만 공통된 전제를 가진 행정적 규제에서도 사물인터넷
(Internet of Things)에 대하여 어떻게 규율해야 할 것인지 방향의 설정
이 필요하다.

제3절 AI로봇과 형사사법

형사사법은 법익 보호라는 목적을 실현하기 위해 인간의 권리와
자유를 직접적으로 침해한다. 그 과정에서 체포·구속 및 압수·수색
등으로 권리 침해가 이뤄지고 있다. 이러한 일련의 과정에서 국가 권
력의 발동을 허용하기 위해서는 강한 정통성이 필요하고 또 정통성이
있기 때문에 그런 강력한 권력 행사가 허용된다. 그러나 역설적이지
만 형사사법은 국가 권력의 남용으로부터 피의자와 피고인을 보호하
기 위한 것이기도 하다.

형사사법은 국민의 자유와 권리를 침해하기 위한 위험물이 아
니며 형사사법 절차를 통해 피의자 또는 피고인을 범죄혐의로부터

조속히 해방시키려는 구조를 갖추고 있다. 그러나 때로는 일반인의 법감정에 반하는 결과를 낳기도 한다. 형사사법이 신뢰받기 위해서는 일정한 권위를 갖추어야 하고 처벌 자체에도 권위가 필요하다. 형사사법은 옳은 것이 필요하지만, 올바른 것만으로는 권위와 신뢰를 얻기 어렵다.

인공지능(AI) 기술의 발전으로 범죄예측, 수사, 증거의 판단 등 형사사법 절차를 대체할 수 있다면 그 판단에 '옳음'을 넘어서는 권위와 신뢰를 인정받을 수 있을지, 인간을 판단하는 것은 반드시 인간이어야만 하는지, 단지 인공지능(AI)은 단순히 인간의 보조하는 수단에 그쳐야 하는지 등 여러 가지를 생각해 볼 수 있다.

1. 수사

(1) 조사(調査)

수사과정에서 다양하게 인공지능의 활용이 가능하지만 우선 용의자나 피의자의 조사과정에 한정하여 설명해본다.

조사할 때에는 용의자나 피의자와 신뢰감을 쌓은 다음 진술의 의문점이나 수상한 점을 정확하게 꿰뚫어 질문하고 그 답변을 평가하여 다음 질문이 이어져야 한다. 이는 시행착오의 과정이며 공판에서의 증인 심문과 달리 목표가 사전에 드러나지 않는 만큼 인공지능(AI)을 활용하기에는 여러 가지 까다로운 점이 많을 것이다.

그럼에도 만일 가능하다면 조사할 때 인공지능(AI)이 유용할 수 있다. 피의자 조사 시 반성과 회오(悔悟)를 촉구하며, 회생의 가능성을 제시함으로써 사람으로서의 인정(人情)이 작용하도록 진술을 이끌어 내는 것이다. 예를 들면, 간호로봇과 환자의 관계와 같이 우호적인 신뢰 관계가 전제된 경우에는 인공지능(AI)에 의한 조사가 가능할 것이다.

(2) AI가 수사에 협조하는 경우

수사기관이 인공지능(AI)을 활용하는 것 외에도 인공지능(AI)을 수사에 협조시키기 위한 방안도 생각해 볼 수 있다. 예를 들면, 인공지능(AI)이 범죄현장에서 보고 들은 것을 재현하는 경우를 가정해 보자. 이 경우 인공지능(AI)은 인격이 없는데 그 관리를 자연인(인간)이 하고 있다면 해당 인공지능(AI)을 증거물로 압수하여 인공지능(AI)을 조작하거나 기억 장치를 해석하는 것이 가능하다. 그리고 수사과정에 인공지능(AI)을 설득하고 협조를 받는 방법에 증인신문이 있는데 인공지능(AI)에게 감정이 존재해야만 선서를 요구하거나 위증죄를 추궁할 수 있다. 그러나 인공지능(AI)의 지각·기억·표현·서술에 오류가 없다는 것이 전제가 되면 증인신문이라는 방법을 쓸 필요는 없다.

그리고 인공지능(AI)에 진술거부권을 인정해야 하는지 여러 논란이 있지만 진술거부권은 인격 존중에 근거를 두고 있다. 인공지능(AI)에게 진술거부권을 인정하느냐는 인공지능(AI)에 인격을 인정하느냐의 문제의 반증이다. 인공지능(AI)의 인격을 인정하지 않고 인공지능(AI)의 처벌 가능성을 부정한다면 「헌법」상 진술거부권을 인정할 필요가 없다.

이와 별도로 인공지능(AI)의 소유자·관리자가 자신의 진술거부권의 행사로서 인공지능(AI)을 침묵시키는 것을 허용할지 또는 인공지능(AI) 자신이 소유자·관리자가 가지는 진술거부권을 대리 행사할 수 있을지의 문제가 남지만, 기존 논의의 연장선상에서 생각한다면 모두 부정될 것이다. 우선 인공지능(AI)에게 인격을 인정하지 않을 경우 인공지능(AI)은 단순한 증거물이고 「헌법」상 자기에게 불리한 증거물의 제공을 강요받지 않을 권리가 없기 때문이다.

이에 반하여 인공지능(AI)에게 인격을 인정할 경우에 고용주가 기업의 경영상 범죄를 범하였다면 — 처벌될 위험을 이유로 피고용자가 진술을 거부할 수 있는가 하는 문제와 같이 — 진술거부권이 인정되지 않는다. 즉, 인공지능(AI)의 대리 행사도 인정될 수 없다.

2. 범죄 예측

(1) 인공지능(AI)을 활용하는 프로파일링

형사사법 절차에서 수사는 시행착오의 과정이다. 비록 수사에 필요하고 상당한 한도라는 조건부이긴 하지만, 범죄 수사는 개인의 사생활을 파악할 수도 있고, 민감한 정보라고 해서 수집이 금지되지 않는다. 이를 부정하는 것은 의사가 환자의 치료에 필요한 병력(病歷)을 아는 것을 부정하는 것과 마찬가지인 것으로 범죄 수사 그 자체의 부정이라 밀할 수 있다. 범죄 수사는 형사재판에서 사실인정을 확인하기 위한 활동이기 때문에 형사법에 따라 정보를 수집·분석하는 것이 가능하다.

일반적으로 수사를 할 때 수사의 방향이 틀렸다고 생각하면 다른 방향에서 수사를 진행하고 추후 수사결과는 점차 사안의 실체적 진실에 이르게 된다. 이러한 수사과정은 소송 단계와 달리 목표가 명확히 보이지 않는 경주이다. 따라서 이와 같은 과정을 인공지능(AI)에게 맡길 수 있다면 수사는 크게 효율화된다.[22] 대표적으로 빅데이터(Big

---

22) 윤해성·전현욱·양천수·김봉수·김기범 외, 범죄 빅테이터를 활용한 범죄예방 시스템 구축을 위한 예비연구(Ⅰ), 한국형사정책연구원, 2014, p.83.

Data)를 활용하여 용의자를 특정하는 경우를 예로 들 수 있다.

또한 대량의 데이터가 기록된 전자적 기록 매체에서 사건과 관련성이 있는 데이터를 선별하는 과정에도 활용할 수 있다. 같은 과정을 사람이 하는 것은 많은 인력과 시간이 필요하지만 인공지능(AI)은 처리과정이 효율적이면서 정확하게 판별하는 것이 가능하다. 그 예가 최근 도입하여 활용하고 있는 '범죄징후 예측시스템'23)이다.

범죄징후 예측시스템은 과거 범죄의 수법, 이동 경로, 정서 상태, 생활환경의 변화 등을 파악하기 위해 빅데이터(Big Data) 분석기법을 활용하여 데이터를 종합적으로 분석하는 시스템이다. 범죄징후 예측시스템은 인공지능(AI)을 이용하여 비정형데이터(판결문, 이동 경로 정보, 보호관찰, 소견 등)를 컴퓨터가 인식할 수 있는 정형데이터(인적 정보, 범죄 정보, 생활 정보, 위치 정보 등)로 추출하여 추출된 자료를 자동으로 변환할 수 있다.

다만, 인공지능(AI)을 활용한 빅데이터(Big Data) 분석은 정확성·효율성·신속성을 갖춘 반면에 인력으로 분석하는 것과 달리 결과적으로 관련이 없는 대량의 정보가 수집될 수 있다. 이 경우 불필요한 정보가 수사기관에 노출되어 프라이버시(Privacy) 침해와 같은 문제가 발생할 수 있다.

인공지능(AI)의 빅테이터(Big Data) 분석과정에서 필요한 자료만 추출하고, 나머지 데이터를 버리는 시스템이 구축된다면 프라이버시(Privacy)의 침해를 방지하고 효율적인 수사를 하는 것이 가능하다.

---

23) 법무부 보도자료, "전자감독 시스템, 성범죄 사전차단 기능 탑재하다."-법무부, 「범죄징후 예측시스템」 개발, 2019. 1. 29.

(2) 인공지능(AI)과 빅데이터

수사기관이 수집·축적하는 정보 중에서 범죄수법 데이터 같은 정보는 그 자체로서는 보호할 가치가 없으나, 수사기관에서 그 정보를 계속 보관하고 유지하는 것은 위법이 아니다.

하지만 범죄수법 데이터가 다른 범죄의 수사에 이용되는 경우, 그 자체로서는 범죄와 아무런 관계가 없는 데이터가 대량으로 축적되고, 이후 다른 데이터와 결합되어 활용할 수 있는 상태에 놓인다면 프라이버시(Privacy) 침해에 대한 위험이 존재하게 된다.

그리고 범죄수법 데이터를 오·남용할 가능성도 있다. 여기에서 오·남용의 위험을 방지하기 위한 규제 방안으로 활용이 끝난 데이터의 폐기를 의무화한다면 그 데이터의 유지·이용으로 해결될 수 있는 다른 범죄 규명의 이익이 포기될 가능성도 있다.

범죄수법 데이터가 다른 범죄의 수사를 위해 이용되는 것이 허용되지 않는다면 수사기관은 사건마다 데이터를 수집해서 분석해야 된다. 이는 많은 인력과 노력이 필요하게 되는 반면에 데이터의 부당한 이용이 억제될 수 있다. 따라서 데이터의 수집과 축적·활용에 있어서 필요한 인적·물적 비용이라는 사실상의 장벽과 데이터의 오·남용에 따른 위험은 반비례하는 관계에 있다.

(3) 인공지능(AI)에 의한 오판 가능성

〈연쇄방화사건〉
특정 지역에서 연속적으로 발생한 방화사건을 수사하던 수사기관은 과거의 범죄를 포괄적으로 학습한 인공지능(AI)에게 각 사건의 현장과 그 주변의 주민등록 데이터, 교통수단의 승·하차 기록, 거주 환경과 방범 카메라 이미지 등 각종 정보를 입력하여 용의자를 특정하였다. 그 결과 용의자는 각 방화 현장을 포함한 생활권 내에 거주하고, 직장에 버스로 출·퇴근하는 대졸 출신의 30대 초반 독신 남성일 가능성이 높다는 결과를 얻었으며, 이 특징에 부합하는 용의자 15명의 데이터를 확보했다. 수사기관은 용의자 15명을 약 4주간에 걸쳐서 추적한 결과, 그중 A가 방화를 시도하는 것을 현장에서 발견하고, 현행범으로 체포했다. 그 이후 방화사건은 발생하지 않았다.

1) 범죄 수사에 따른 권리침해의 허용

인공지능(AI)에 의한 프로파일링은 어디까지나 확률적인 판단이다. 따라서 인공지능(AI)에 의한 프로파일링은 예측이 빗나갈 가능성이 있기 때문에 판단의 오류 가능성도 존재한다. 형사법은 최종적인 처벌에 이르는 과정에서 생길 수 있는 일정한 오류를 허용하고 있다. 그러나 범죄자라는 의심을 받는 것은 인간의 존엄성을 해칠 수 있기 때문에 문제는 어느 정도의 오류를 감수할 수 있느냐 하는 것이다.

위 사례에서 감시 대상으로 지목된 15명 중 A를 제외한 14명은 결과적으로 방화사건과 관련이 없었다. 그렇다 하더라도 인공지능(AI)이 용의자를 찾기 위해서는 4주 동안 14명의 사생활을 파악해야 하므로 프라이버시(Privacy) 침해의 가능성을 허용해야 한다.

인공지능(AI)이 용의자를 지목하지 않았다면 더 많은 사람들이 수사의 대상에 포함되었을 가능성도 있다. 방화사건과 관련이 없음에도 용의자로 지목된 사람들은 인공지능(AI)이 무고한 사람을 수사대상으로 지목하여 자신이 피해를 입었다고 생각할 수도 있다.

그러나 인공지능(AI)이 없었다면 방화범 A는 수사대상에 포함되지 않았을지도 모른다. 인공지능(AI)을 활용했기 때문에 사람들의 생명, 신체, 재산에 직접적인 위해를 주는 방화라는 범죄의 진행을 막은 것이다. 또한 인공지능(AI)에 의해서 용의자에 대한 자료 특정이 없었으면, 더 많은 사람이 방화 범죄의 용의자에 포함되었을 것이다. 이런 경우 범죄와 관련이 없는 사람을 범죄 혐의로부터 벗어나게 하는 긍정적인 역할을 한 것이 된다. 따라서 인공지능(AI)에 의한 프로파일링으로 권리 침해가 확대되는 것인지 축소되는 것인지 일률적으로 말할 수 없다. 범죄 수사에서는 일정한 절차를 따르면 권리의 침해가 허용되고 그로 인해 발생할 수 있는 오차도 허용되므로 일정한 오류와 일정 정도의 권리 침해가 발생되는 것을 감수해야 한다. 따라서 빅데이터(Big Data) 처리의 규제방법으로서 권리 침해의 총량 규제 제도를 도입하는 것을 생각해 볼 수 있다.

2) 한계

범죄 혐의의 발생 가능성만을 두고 우리가 평소 의식하지 않을 때 인공지능(AI)에 의한 감시를 허용해서는 안되며 그것으로 특정한 개인에게 부담이 가중되어서도 안된다는 반론도 가능하다. 만약 인공지능(AI)에 의한 잘못된 판단이 사회 전체에 공평하게 분산된다면 허용될 수 있을지 모르지만, 일부 개인에게 집중된다면 그것은 평등과 공정이라는 기본적인 정의에 반하는 결과가 생기고 이것은 인종 프로파일링으로 나타날 수 있다.[24]

프로파일링은 의심을 하는 대상을 좁혀나가 정보를 통합시키기 위해서 행해지는 것이기 때문에 대상에 대한 치우침을 즉시 부당하다고 할 수는 없으므로 그 편향의 허용 한도를 설정하고 판단하는 것이 필요하다.

---

24) 서정범(역), "유형화(類型化)에 기초한 경찰 조치를 통한 위험방지 VS. 인종 프로파일링(Racial Profiling)을 통한 위험방지－2016/2017 질베스터 밤(Silvesternacht)에 쾰른(Köln)에서의 경력(警力)투입을 둘러싼 논쟁－", 안암법학 제55권, 안암법학회, 2018, p.221.

인공지능(AI)의 알고리즘(Algorithm)이나 심층학습의 데이터셋(Data Set)을 바탕으로 한 판단이 합리성을 가진다고 하더라도 개인의 사상, 신조, 사회적 신분 등을 이유로 하는 것이라고 설명할 수밖에 없는 경우에는 차별이라고 말할 수 있다.

다만 이를 극복하기 위해서는 대상자에 의한 피드백을 생각해 볼 수 있다. 예를 들면, 입·출국시 항공보안 검사에서 반복적·중점적인 검사 대상이 된 사람에게 데이터의 시정을 요구할 기회를 주는 것이다.[25] 마찬가지로 범죄 수사에서도 인공지능(AI)에 의해 수사대상이 되었을 경우 최종적으로 대상에서 제외된 인물에 대해 사후에 통지하는 것이 필요하다. 다만, 현실적으로 실현 가능성을 고려해야 하고 잠재적 범죄자에게 수사기관이 기존의 범죄를 포기하고 새로운 범죄의 기회를 제공할 수 있다는 단점이 나타날 수 있다.

그러므로 선별의 정확도를 높이기 위한 데이터의 축적과 개별화가 이루어지면 이루어질수록 개인에 대한 국가의 파악은 완벽해진다. 프라이버시(Privacy)를 보호하는 것과 처벌대상을 정확히 파악하는 과정은 이율배반이 생기므로 의식적인 가치 선택이 필요하다.

3. 증거 판단

형사절차의 주요 목적은 증거를 통해 사안의 진상을 밝히고, 적법절차와 신속한 재판을 통해 실체적 진실을 발견하는데 있다. 형사절차를 통한 사실의 인정은 사안의 진상을 명백히 밝히는 것을 가장 중요하게 여기며 이는 형사사법 절차에서 생명과 같은 역할을 하고 있다. 이러한 것에 중점을 두고 형사절차에서 인공지능(AI)의 적용 또

---

25) 손성은·손상현·이원태 외, ICT기반 사회현안 해결방안 연구, 정보통신정책연구원, 미래과학창조부, 2017, p.55.

는 활용 가능성을 살펴본다.

(1) 사실과 증거의 관계

모든 형사사법 절차에서 사실의 인정은 중요한 역할을 하고 있는데 특히 재판절차 단계에서 사실의 인정을 중심으로 살펴본다. 법원은 과거에 발생한 범죄를 직접 실험하고 되돌릴 수 없기 때문에 범죄사실이 남긴 흔적을 통하여 역으로 사건에 대하여 추인하는 방법을 사용할 수밖에 없다. 이러한 추인의 근거가 되는 사건의 자료가 증거이다.

증거에는 외부의 사실을 알고 있는 사람이 기억을 통하여 사건에 대해 진술하거나 그 진술을 기록한 서류 및 범행에 사용된 흉기 등 도구, 범행에 이용된 장물과 같은 증거물 등이 있다.

여러 가지 정황과 사건의 내용에서 하나의 사실만으로는 피고인의 범죄사실을 증명하기에는 어려움이 있기 때문에 대부분 여러 사실을 종합하여 범죄사실에 도달할 수 있게 한다.[26] 법원은 직접증거 또는 간접증거가 만들어 내는 사건의 내용을 역으로 증명함으로써 범죄사실의 실체적 진실에 도달할 수 있게 된다.

(2) 증거와 사실의 판단

1) 진술의 평가

① 진술의 평가

「형사소송법」상 증거는 사람의 진술인 증언에 대하여 특별한 주의를 기울이고 있다. 증거물을 고의로 조작하거나 정보를 잘못 해석

---

26) 대법원 2004. 6. 25. 선고 2004도2221 판결.

하지만 않는다면 허위요소가 개입될 여지가 없으나, 사람의 판단과정을 거친 진술은 본인의 의도 여부를 떠나 허위진술을 하게 되는 경우가 있다.

사람의 진술은 외부의 사실을 지각하여 언어를 사용하여 서술하는 일련의 과정이다. 이러한 진술과정에서 기억의 오류나 오인 및 혼동 등이 개입될 우려가 있다. 그래서 진술한 내용의 진위 여부를 확인하지 않고 그대로 수용할 경우 사실의 인정을 그르칠 위험성이 있다.

법원의 공판절차는 증인의 진술을 증인신문이라는 방법으로 행하고 있으며,[27] 「형사소송법」은 증인에게 선서의무를 부과하고[28] 위증죄라는 처벌규정을 두어 위증을 방지하고 있다. 또한 반대신문의 경우 증인의 진술의 신빙성을 확보하는 수단으로 작용되기도 한다.[29]

우리는 말의 진위를 판단할 때 말뿐만 아니라 태도, 표정, 어조, 음색 등 다양한 정보를 통하여 종합적으로 평가한다. 또한 법정에서 증언할 때에는 재판장도 증언자의 진술하는 태도 등을 사실인정의 자료로 삼을 수 있다. 이와 같이 증인신문을 통한 진술을 평가하는데 인공지능(AI)이 어느 범위에서 어느 정도까지 대체가 가능한지 살펴본다.

② 진술의 오류

증인이 증언하는 과정에서 거짓말을 하는지 여부를 판단하는데 뇌과학 영역이나 심리학 분야의 지식을 축적하여 종합적으로 인공지능(AI)에게 학습을 시켜 대체할 수 있는 가능성을 생각할 수 있다. 관련 연구를 살펴보면 안드로이드 기반 모바일 이미지 검색 시스템을

---

27) 이규호, "證人訊問", 사법행정 제54권 제7호, 한국사법행정학회, 2013, p.42.
28) 「형사소송법」 제156조(증인의 선서) 증인에게는 신문 전에 선서하게 하여야 한다. 단, 법률에 다른 규정이 있는 경우에는 예외로 한다.
29) 홍영기, "반대신문권 보장: 전문법칙의 근거", 고려법학 제75호, 고려대학교 법학연구원, 2014, p.12.

이용하여 인간의 감정을 인지하는 구글(Google)의 '브레인 프로젝트 (Google Brain Project)'와 텍스트와 이미지를 이용하여 사람의 감성을 분석하고 인공지능(AI)의 딥러닝(Deep Learning) 기술을 활용하여 불규칙한 데이터를 분석해 얼굴의 근육 움직임을 인식하는 페이스북 (Facebook)의 '딥 페이스(Deep Face)' 등이 있다.[30]

따라서 증인의 진술 태도 등을 관찰하여 진술 내용의 진위를 판단하고, 언어적으로 판단하기 어려운 경우에 있어서는 다양하고 방대한 지식이 축적되어 있는 인공지능(AI)이 상대적으로 더 훌륭하게 수행할 수도 있다.

③ 한계

진술 중에 증언의 실수나 청취자의 오해를 일으킬 수 있는 요소는 인공지능(AI)으로 즉시 대체하기 어려운 부분도 있을 수 있고, 인공지능(AI)이 지각이나 기억의 오류를 판단할 수 있는 능력이 있는지도 문제가 될 수 있다.[31] 왜냐하면, 증인신문에 있어서는 다른 증거나 증인의 증언 이외에 사실의 모순을 지적하는 방법 등으로 지각이나 기억의 오류에 대한 조사가 이루어지기 때문이다.

즉 다른 증거나 증인의 증언을 통해 서로 다른 부분에 대한 모순을 판단하게 되며, 인공지능(AI)이 이러한 작업을 수행하기 위한 그 전제로 사실의 인정을 할 수 있어야 한다.

증언을 통해서 증명하려는 사실이나 증언의 내용은 워낙 방대하고 그 양이 많기 때문에 모든 것을 인공지능(AI)에게 학습시키고 대응할 수 있는 능력을 구비시킨다는 것은 현재로서는 여러 가지 한계가

---

30) 김문구·박종현, AI 기반 감성증강 10대 유망 서비스 탐색, Insight Report 2018-13, 한국전자통신연구원 미래전략연구소 기술경제연구본부, 2018, pp. 20-21.
31) 정용기·송기복, "인공지능(AI)의 발전과 형사사법의 주요 논점", 한국경찰연구 제18권 제2호, 한국경찰연구학회, 2019, p.14.

있다. 그러나 법관의 자유로운 판단이 가능한 증거의 증명력은 텍스트 마이닝(Text Mining) 기법을 활용하여 모든 판결문들의 증거판단 과정을 분석하고 패턴화한다면 재판과정에 필요한 의사결정에 도움이 된다.[32)]

2) 진술 외 증거의 평가

① 진술조서

진술조서는 인공지능(AI)이 효과적으로 기능하여 평가할 수 있다. 기존에는 조서에 대한 신용도 평가를 진술의 일관성이나 모순 등을 분석하는 방법으로 사용하였으나, 모순이나 부정합의 가능성이 있는 부분을 추출하는 작업은 인공지능(AI)에 의하여 대체가 가능하고 효과적으로 이루어질 수 있다.

조서는 언어적으로 논리화가 가능하기 때문에 내용의 일관성이나 모순되는 점을 인공지능(AI)에게 패턴 학습을 시킴으로써 기존의 증언을 비교분석하는 방식을 사용하여 조서에 대한 신용도 평가를 효과적으로 할 수 있다.[33)] 그러나 변수가 있는 경우에는 합리적으로 설명이 가능한지의 여부에 따라 문제가 될 수도 있다. 변수에 대한 설명이 가능한 경우라면 조서의 신용성을 저해하지 않지만 반대로 설명이 불가능한 경우에는 신용성에 문제가 생길 수 있다.

따라서 자백에 의한 진술조서의 평가는 조서에 기재된 내용뿐만 아니라 법정진술 등 다른 증거에 의해 인정되는 객관적인 사실을 확인한 후에 자백의 내용과 대조하여 실시하여야 한다. 만일 자백에 의한 진술조서의 경우 신용성을 높이 평가할 수 있으나 내용이 일치하지

---

32) 윤해성·전현숙·양천수 외, "범죄 빅데이터를 활용한 범죄예방시스템 구축을 위한 예비 연구(Ⅰ)", 한국형사정책연구원, 2014, p.246.
33) 정용기·송기복, "인공지능(AI)의 발전과 형사사법의 주요 논점", 한국경찰연구 제18권 제2호, 한국경찰연구학회, 2019, p.14.

않을 경우에 그 자백은 신빙성이 없는 것으로 보아야 한다.

② 물적 증거

물적 증거는 진술의 내용이 없기 때문에 구두 증거와 같은 위험성은 없으며, 물적 증거가 포함하고 있는 의미를 해석하는 것은 법관의 임무이다. 따라서 인공지능(AI)이 물적 증거를 관찰하고 그 증거가 담고 있는 의미를 해석하는 것은 쉬운 일이 아니다.

인공지능(AI)이 증거의 의미를 이해하려면 물적 증거만이 가지고 있는 의미를 언어화하여 입력해야 하는데 이는 사실의 진술과 같다. 즉 증인은 자신의 경험을 증언하는 것이지만 법의 적용에 필요한 사실과 그렇지 않은 사실이 혼재되어 있기 때문에 법을 적용하는 데 의미 있는 사실만을 도출하고 다른 것은 배제하는 작업이 필요하다.

다만, 진술은 이미 언어화되어 있기 때문에 물적 증거에 비하면 인공지능(AI)에 의한 처리가 용이하고 효율적이며 패턴 학습에 의하여 법의 적용 단계에서 의미 있는 정보와 그렇지 않은 정보를 구분할 수 있다.

3) 사실인정

사실인정은 재판단계에서 결론을 도출하기 위해서 증거를 통해 유용한 정보를 추출하고, 그것을 종합하여 범죄사실의 유무를 인정하는 절차이다. 이 과정에서 통상적으로 경험법칙과 실험법칙이 적용된다. 예를 들면, 절도 피해가 발생한 시간에 범죄현장 근처에서 피고인이 피해 물품을 소지한 사실이 증명되고, 그 물품의 입수 경로에 대한 설명이 합리적이지 않을 경우 피고인이 절도에 관여하였다는 추인이 가능하다.

이는 증거자료의 획득과정과는 다르게 법관이 자신의 머릿속에서 판단하는 것으로 이러한 사실인정의 경우 패턴 학습을 한 인공지

능(AI)이 효율적으로 수행할 수 있으므로 인공지능(AI)의 도입 가능성
이 높다고 할 수 있다.[34]

실제로 다양한 사례를 통해 과거의 판례와 이론을 분석하여 추론
을 유형화시켜 주안점이나 주의점 등을 언어화하려는 시도가 이미 실
행되기도 했다.[35] 또한 인공지능(AI)에게 패턴 학습을 실시하게 되면
매우 정밀하고, 모순 없는 판단을 수행할 수 있게 되므로 사람이 인식
하지 못한 추론의 패턴을 발견하는 것도 가능하다.

4) 양형의 판단

양형의 감각, 양형의 형성이나 사안에 적합한 양형의 최종 판단
은 이론보다는 경험에 의존하는 경우가 많기 때문에 양형은 언어화가
어려운 영역 중의 하나이다. 판결문의 양형 이유에 대한 설명은 종전
에는 유리한 사정과 불리한 사정을 나열하고 그러한 요소들을 고려하
여 결론을 도출하였는데 외부인들이 보면 일종의 블랙박스였다.

실제로는 양형 기준이 존재하고 자의적으로 양형이 정해지는 것
이 아니라 경험을 통해서 배워야 하는 것이다.

대법원은 양형위원회를 운영[36]하면서 양형의 데이터베이스를 마
련하고 있다. 일본의 대법원은 이미 양형 데이터베이스의 운용을 실
제로 시작하였다. 이는 사건의 성질과 주요 사실관계와 같은 형량의

---

34) 정용기·송기복, "인공지능(AI)의 발전과 형사사법의 주요 논점", 한국경찰연구
제18권 제2호, 한국경찰연구학회, 2019, p.15.
35) 홍태석, "IT기술의 발달과 법조시장 방향성의 탐색", 법학연구 제16권 제3호, 한
국법학회, 2016, p.225.
36) 「법원조직법」 81조의2(양형위원회의 설치)
   ① 형(刑)을 정할 때 국민의 건전한 상식을 반영하고 국민이 신뢰할 수 있는 공
      정하고 객관적인 양형(量刑)을 실현하기 위하여 대법원에 양형위원회(이하
      "위원회"라 한다)를 둔다.
   ② 위원회는 양형기준을 설정·변경하고, 이와 관련된 양형정책을 연구·심의할
      수 있다.
   ③ 위원회는 그 권한에 속하는 업무를 독립하여 수행한다.

인자를 입력하면 과거의 형량 사례와 숫자가 그래프로 출력되는 방식이다. 이러한 경우 양형 데이터베이스와 기준을 정하는 분야에서 인공지능(AI)의 활용이 가능하다면 인간보다 효율적인 양형 판단이 가능할 것이다.[37)]

(3) 인공지능(AI)을 활용한 패턴 분석

인공지능(AI)은 과거의 사례를 대량으로 학습하여 거기에 숨어 있는 패턴을 찾아낸다. 인공지능(AI)에게 문자 데이터뿐만 아니라 진술하는 표정, 녹음된 어조나 음색 등을 학습시키는 것이다. 그러나 사실에 이르게 하는 모든 과정에서 다양한 증거 자체를 패턴으로 학습시키는 것은 현재로서는 한계가 있다. 학습의 소재는 풍부하게 존재하지만 법정에서의 녹음이나 녹화가 금지되는 상황에서 생생한 증언과 열람이 가능한 사건기록을 대량으로 수집하는 것이 어렵기 때문이다.[38)]

대체수단으로 판결문을 학습하는 방법이 가능하지만 이는 법의 적용과 판단을 통해서만 유효하다. 과거의 판결논리와 경험 법칙을 통해 추론하는 패턴 학습이 유용하고 효과적일지라도 사실을 추인하는 과정에서 증거자료의 추출이나 평가를 인공지능이 학습하는 재료로 사용하기에는 다소 부족하다.[39)]

그리고 판결에서 사실의 인정은 정오(正誤)를 확인할 수 있는 방법이 존재하지 않는다는 점에 유의할 필요가 있다. 예를 들면, 의학 학술지에 게재된 모든 논문을 학습한 인공지능(AI)이 새로운 치료법을

---

37) 양종모, "형사사법절차 전자화와 빅 데이터를 이용한 양형합리화 방안 모색", 홍익법학 제17권 제1호, 홍익대학교 법학연구소, 2016, pp.437-438.
38) 「법원조직법」 제59조(녹화 등의 금지) 누구든지 법정 안에서는 재판장의 허가 없이 녹화, 촬영, 중계방송 등의 행위를 하지 못한다.
39) 정용기·송기복, "인공지능(AI)의 발전과 형사사법의 주요 논점", 한국경찰연구 제18권 제2호, 한국경찰연구학회, 2019, p.16.

제안한다면, 그것이 옳은 방법인지의 여부는 실제로 그 치료법을 적용해 보아야 알 수 있다.

재판의 경우에는 인공지능(AI)이 과거의 패턴에 따라 특정한 사건에서 내린 결론이 정말 옳은 판단인지의 여부는 확인할 방법이 없다. 왜냐하면 유·무죄의 여부를 가장 잘 알고 있는 사람은 피고인이지만 그 피고인이 반드시 진실을 말하는 것은 아니기 때문이다.

모든 직업군을 인공지능(AI)이 대체하기에는 어려운 점이 있으나, 의사결정 지원시스템(Decision Support System), 사례기반 추론(Case-Based Reasoning), 전문가 시스템(Expert System) 등 인공지능(AI) 기술을 활용하여 무면허 운전이나 음주운전 등 전자약식 절차가 진행되는 부분에서는 가능하다.[40] 따라서 형사사법 절차에서 인공지능(AI)을 사실 인정의 보조수단으로 활용하는 것은 효율적인 방법이 된다.

멀지않은 미래에 사실의 인정과정에서 진술의 신용도를 평가하는 영역에서 부분적으로 인공지능(AI)으로 대체하거나, 증거자료 또는 간접증거로부터 사실을 추인하는 과정에서 인공지능(AI)으로 대체하는 것도 가능해질 것으로 보인다.

(4) 법의 적용과 판단

1) 디지털 논리

법적용과 판단과정은 인공지능(AI)의 활용성이 높은 분야라고 할 수 있다.[41] 이는 인공지능(AI)이 법의 적용 및 판례를 대량으로 학습

---

40) 윤지영·김한균·감동근·김성돈, 법과학을 적용한 형사사법의 선진화 방안(Ⅷ)-인공지능 기술, 형사정책연구원 연구총서, 한국형사법무정책연구원, 2017, p.273.
41) 홍석태, "IT기술의 발달과 법조시장 방향성의 탐색", 법학연구 제16권 제3호, 한

함으로써 기존의 판결과 비교하여 논리적으로 모순이 생기지 않도록 결론을 제시하는 것이 가능하고, 정밀하게 판결을 예측할 수도 있기 때문이다. 법의 적용에 대한 판단은 기본적으로는 디지털 구조이지만 엄밀하게 말하면 차이가 있다.

법의 분야에서 지칭하는 "논리"는 논리학에서 말하는 "논리"와는 다르며, 법의 분야에서 말하는 논리로 정당화되는 결론에 대하여 논박이 가능한 구조라는 점에서 "논의"라고 할 수 있다.[42] 예를 들면, 살인죄에서 법적규칙의 디지털성을 언급할 수 있지만, 실제로는 "정당방위나 긴급피난이 아니라면", "책임무능력이 아니라면" 등의 다른 조건으로 부가되지 않으면 논리적으로 완벽한 규칙이 될 수 없다.[43]

따라서 법의 적용 단계에서 일원적으로 통일화하기 어려웠던 주된 이유는 모든 가능성이 포함되어 있기 때문이다. 그래서 모든 경우에 적용 가능한 규범을 프로그램화하려면 그 요건이 무한정으로 늘어나게 된다.

나아가 사실 인정의 복잡한 구조 역시 디지털화하는 것을 어렵게 한다. 사실의 인정과정은 증거에서 사실의 인정으로, 이후 법의 적용 단계를 거쳐 결론이라는 단선형 작업이 아니라, 개괄적인 사실 관계를 먼저 파악하고 이후 적용할 조문을 선택하여 그 조문의 적용 여부에 필요한 사실을 판단하여 증거를 검토하기 때문이다.

그리하여 그 결과를 바탕으로 법을 적용하여 결론을 내려야 하는 것이다. 이러한 과정에서 결론이 타당하지 않거나 경험법칙 또는 직감에서 벗어나게 되면 적용하는 조문의 선택과 해석을 수정하거나 사실의 인정을 다시 행하는 방법도 있다.

국법학회, 2016, p.225.

42) 安藤馨·大屋雄裕, 法哲学と法哲学の対話, 有斐閣, 2017, pp.253-264.

43) 정용기·송기복, "인공지능(AI)의 발전과 형사사법의 주요 논점", 한국경찰연구 제18권 제2호, 한국경찰연구학회, 2019, p.17.

2) 디지털화의 한계

사실의 인정은 단순히 사실을 찾아내는 것만으로는 부족하며, 증거에 대한 평가가 요구되는 경우가 많다. 이와 같이 사실의 인정은 결론의 타당성과의 관계나 다른 사실관계로 나타나는 증거를 통해 이루어진다는 점에서 디지털화에 어려움이 따르게 된다.

「형사소송법」상 항소심에서는 민사소송[44]과는 다르게 사실 오인의 심사가 제1심 판결에 불복이 있는 경우 사실 오인을 이유만으로도 항소를 할 수 있다.[45] 사실 인정을 처음부터 다시 하는 것이 아니라 제1심 단계에서의 사실 인정에 경험 법칙 및 논리 법칙에 비추어 불합리한 사항이 있는지 여부는 사후적으로 확인하는 방식으로 적용되고 있다. 그러므로 항소심에서도 제1심에서 증거 자료와 간접 사실에 근거한 추론의 과정과 마찬가지로 인공지능(AI)으로 대처할 수 있다.

4. 인공지능(AI)에 의한 재범 예측

재범 가능성은 연령, 성격, 가족 관계, 교육 정도, 직업과 환경, 당해 범행 이전의 행적, 범행의 동기, 수단, 범행 후의 정황 등 형사사법의 다양한 방향에서 고려된다.[46] 물론 그것은 예측일 뿐이지만, 예

---

44) 「민사소송법」 제423조(상고이유) 상고는 판결에 영향을 미친 헌법·법률·명령 또는 규칙의 위반이 있다는 것을 이유로 드는 때에만 할 수 있다.

45) 「형사소송법」상 항소이유로는 ① 판결에 영향을 미친 헌법·법률·명령 또는 규칙의 위반이 있는 때, ② 관할 또는 관할위반의 인정이 법률에 위반한 때, ③ 법률상 그 재판에 관여하지 못할 판사가 그 사건의 심판에 관여한 때, ④ 사건의 심리에 관여하지 아니한 판사가 그 사건의 판결에 관여한 때, ⑤ 공판의 공개에 관한 규정에 위반한 때, ⑥ 판결에 이유를 붙이지 아니하거나 이유에 모순이 있는 때, ⑦ 사실의 오인이 있어 판결에 영향을 미칠 때, ⑧ 형의 양정이 부당하다고 인정할 사유가 있는 때 등이다.

46) 대법원 1986. 9. 9. 선고 86감도156 판결.

측에 근거해 피의자·피고인의 처우를 결정하는 것이 실제로 이루어지고 있다.[47]

형사법에서 처우 결정은 사람의 인생을 크게 좌우하기 때문에 사람에 의한 예측보다 인공지능(AI)에 의한 예측의 정확도가 높다면 이를 활용하지 않을 이유가 없다.[48]

미국에서는 재범을 예측하는데 인공지능(AI)을 이용하고 있다. 위스콘신주에 있는 교정 당국은 법원에서 양형에 관한 의견을 제시할 때 노스포인트(North Pointe)사가 개발한 컴파스(Correctional Offender Management Profiling Alternative Sanctions: COMPAS)라는 시스템을 사용하고 있다.

이것은 일반인이 이용 가능한 정보와 피고인 자신이 제공한 정보를 입력하면 피고인의 위험성에 대한 판단이 가능하다. 이러한 재범 예측에 대해 위스콘신주의 최고 재판소는 알고리즘(Algorithm)을 사용하여 형의 선고시 재범률을 산출하는 방법이 법원이나 피고인에게 공개되지 않더라도 피고인의 재판을 받을 권리를 침해하지 않는다고 한다.[49] 비록 컴파스의 알고리즘(Algorithm)은 공개되지 않았지만 최종적인 판단은 법관에 의해 행해지고, 피고인에게 이용된 정보의 적부를 다툴 수 있다는 점 등의 이유로 적정절차의 보장에 반하지 않는다고 하였다.[50]

만일 인공지능(AI)의 판단이 사람보다 뒤떨어져 보조적인 수단으로 활용된다면, 최종적인 판단을 사람이 담당하는 것이 당연하지만,

---

47) 이수정·윤옥경, "범죄위험성의 평가와 활용방안", 한국심리학회지 제22권 제2호, 한국심리학회, 2003, p.107.
48) 방준성·박원주·윤상연, "지능형 치안 서비스 기술동향", 전자통신동향분석 제34권 제1호, 한국전자통신연구원, 2019, pp.117-118.
49) 임경숙, 인공지능에 관한 법적 규율방안: 인공지능 알고리즘과 빅데이터의 법적 규율을 중심으로, 한양대학교 법학전문대학원 박사학위 논문, 2019, p.126.
50) State v. Loomis, 881 N. W. 2d 749(Wis. 2016), (2017)cert, denied, Loomis v. Wisconsin, 137 S. Ct. 2290, 2017.

인공지능(AI)의 판단 능력이 사람과 동등하거나 혹은 그것보다 뛰어난 경우에 인공지능(AI)의 판단을 부정할 이유는 없다.

인공지능(AI)의 판단에 있어 오류의 가능성이 있다고 하더라도 그것을 간파하는 것 또한 사람밖에 없다는 주장도 가능할 것이다. 비록 인공지능(AI)의 판단에 오류의 가능성을 완전히 배제하지 못하더라도 사람의 판단 능력을 앞서고 있는 경우라면 인공지능(AI)과 사람의 판단 중, 어느 쪽이 맞느냐의 단순한 문제가 아니라 인공지능(AI)의 판단에 이의를 제기할 수 있는지, 그 이의를 고려한 후에 재판을 받을 기회가 주어지고 있는지, 그 재판은 누가 맡아야 하는지 등의 여러 가지를 고려해야 한다.

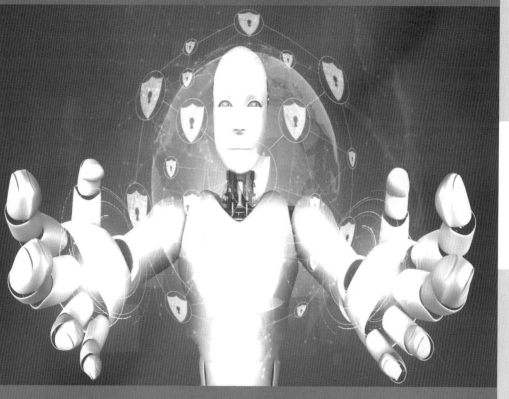

제 5 장

국내외의 인공지능(AI)과 법제도

제5장　국내외의 인공지능(AI)과 법제도

제 1 절 우리나라

1. 「지능형 로봇 개발 및 보급 촉진법」

(1) 입법의 배경

우리나라의 로봇에 관한 법률은 정부의 신성장 정책으로 시작된 'IT839 정책'[1]이 입법화[2]된 이후, 「지능형 로봇 개발 및 보급 촉진법

---

1) 「IT839 정책」은 신성장 9대 목표 중 하나로 지능형 서비스 로봇의 상용화로 1,000억 달러에 이르는 세계시장을 선점하고 2010년까지 19조원의 생산 유발 효과와 로봇과 IT의 결합으로 인간 친화적인 Human Interface를 확보하여 인간 삶의 질을 향상시키기 위한 '인간 중심 기술'을 구현하기 위한 전략이다 (U-KOREA v2.0-국민소득 2만불로 가는 길[IT839 전략]-, 정보통신부, 2004).
2) 김윤명, "제4차 산업의 선구적 법률-지능형 로봇 개발 보급 촉진법", 주간기술동향 1780호, 정보통신기술진흥센터, 2017, p.17.

(약칭: 지능형로봇법)」이 2007년 11월에 발의되고 2008년에 제정되었다.

「지능형로봇법」에서는 지능형 로봇에 대한 정의, 로봇에 대한 체계적 연구와 개발, 초기시장의 창출과 보급 확대를 위한 정책, 로봇품질의 인증에 필요한 근거를 규정하고 있다. 그리고 로봇윤리헌장의 제정과 보급을 통하여 로봇이 반사회적으로 개발, 이용되는 것을 방지할 목적으로 제정되었다.[3]

(2) 주요 내용

1) 지능형 로봇의 정의

「지능형로봇법」에서는 외부환경을 스스로 인식하고 상황을 판단하여 자율적으로 동작하는 기계장치를 지능형 로봇으로 정의한다.[4]

2) 지능형 로봇윤리헌장

지능형 로봇의 지능과 기능이 발전함에 따라 발생할 수 있는 사회질서의 혼란 등 각종 폐해를 방지하여 지능형 로봇이 인간의 삶의 질 향상에 이바지할 수 있도록 지능형 로봇의 개발자, 제조자, 사용자 등에 대한 행동지침을 "지능형 로봇윤리헌장"[5]이라 정의하고 있다.[6] 그리고 지능형 로봇윤리헌장의 제정 등에 관한 조사·연구 및 의견수렴, 기본계획 및 실행계획 등의 수립시 로봇윤리와 관련된 사항 등을 심의하기 위하여 로봇윤리자문위원회를 구성하도록 규정하고 있다.[7]

---

3) 국가법령정보센터 http://www.law.go.kr/.
4) 「지능형 로봇 개발 및 보급 촉진법」제2조.
5) 「지능형 로봇 개발 및 보급 촉진법 시행령」제11조에서는 로봇윤리헌장의 내용으로 로봇기술의 윤리적 발전방향, 로봇의 개발·제조·사용시 지켜져야 할 윤리적 가치 및 행동 지침 등을 규정하고 있다.
6) 「지능형 로봇 개발 및 보급 촉진법」제2조.
7) 「지능형 로봇 개발 및 보급 촉진법 시행령」제7조.

3) 기본계획의 수립

지능형 로봇의 개발과 보급을 위하여 5년마다 로봇산업정책심의회의 심의를 거쳐 지능형 로봇의 개발 및 보급에 관한 기본방향·지능형 로봇의 개발 및 보급에 관한 중·장기 목표, 지능형 로봇의 개발 및 이와 관련된 학술 진흥 및 기반조성에 관한 사항, 지능형 로봇의 개발 및 보급에 필요한 기반시설의 구축, 지능형 로봇윤리헌장의 실행에 관한 사항 등이 포함된 기본계획을 수립하도록 규정하고 있다.[8]

(3) 대응의 한계

「지능형로봇법」은 인공지능(AI)과 결합하여 작동되는 로봇을 기계장치로 정의하고 있으나, 인공지능(AI)과 로봇기술의 발전을 반영하지 못하였다. 특히, 인공지능(AI)과 로봇이 사회 전반에 걸쳐 다양하게 이용·활용되고 있는 인공지능(AI) 시대에 사회문제 해결에는 미흡한 면이 있다.[9]

최근 들어 로봇과 지능정보기술의 비약적인 발전으로 제조업과 서비스 및 사회 전반에 걸쳐 제4차 산업혁명으로 일컬어지는 변화가 확산되고 있고, 세계 각국이 경제성장 전략의 핵심으로 로봇산업을 육성하는 등 치열한 경쟁 상황을 반영하여 「지능형로봇법」을 개정,[10] 2018년 12월 31일부터 시행하고 있다. 주요 개정내용은 지능형 로봇의 정의에 소프트웨어를 포함하고, 로봇산업정책협의회를 로봇산업정책심의회로 변경함으로써 그 역할과 기능을 강화하고, 산업통상자원

---

8) 「지능형 로봇 개발 및 보급 촉진법」 제5조.
9) 김윤명, "제4차 산업의 선구적 법률 – 지능형 로봇 개발 보급 촉진법", 주간기술동향 1780호, 정보통신기술진흥센터, 2017, p.19.
10) 국가법령정보센터 http://www.law.go.kr/.

부장관이 지능형 로봇에 관련된 전문 인력의 양성 등의 지원 시책과 지원 방안을 수립하는 것을 골자로 한다. 또한 국가기관 등의 장에게 지능형 로봇제품의 구매를 권고할 수 있도록 하고 있으며 2018년 6월 30일까지로 규정된 동법의 유효기간을 2028년 6월 30일까지로 10년 연장하는 내용을 포함하고 있다.

2. 「로봇기본법(안)」

(1) 입법의 배경

세계 각국은 로봇과 공존 가능한 사회를 대비하기 위한 중장기적 연구와 자율성을 가진 로봇에 대하여 전자적 인간이라는 새로운 법적 지위를 부여하는 방안을 논의하고 있으며, 로봇의 형사책임능력이나 로봇의 창작물에 대한 저작권도 인정 가능하도록 하는 등 새로운 이슈에 대비하고 있다.

그러나 「지능형로봇법」은 로봇산업에만 초점을 두고 있고 최근 대두되고 있는 전 세계적 흐름과 이슈를 반영하지 못하고 있다. 따라서 로봇과 로봇산업 관련자가 준수해야 할 가치를 로봇윤리규범으로 명문화하고, 로봇의 보편화에 따른 사회적 수용과정에서 발생 가능한 여러 문제를 다루는 정책 추진기구 등의 설치에 관한 기본법을 마련함으로써 로봇과 인간이 조화롭게 공존하는 새로운 사회에 대비하기 위해 「로봇기본법(안)」이 제출되었다.[11]

---

11) 박영선 의원 등 38인, 「로봇기본법(안)」(의안번호: 2008068), 2017.7.19(의안정보시스템 http://likms.assembly.go.kr/bill/BillSearchResult.do).

(2) 주요 내용

1) 로봇과 로봇윤리규범

「로봇기본법(안)」에서는 외부환경을 스스로 인식하고 상황을 판단하여 자율적으로 동작하는 기계장치 또는 소프트웨어를 로봇으로 정의하고 있다. 그리고 로봇 관련자가 준수해야 할 로봇윤리규범과 로봇의 설계자·제조자·사용자가 준수하여야 할 윤리의 원칙을 규정하고 있다.[12]

2) 로봇에 대한 인격부여

로봇에 대하여 특정 권리와 의무를 가진 전자적 인격체로서의 지위 부여, 로봇에 의한 손해가 발생한 경우의 책임 부여 및 보상 방안 등과 관련한 정책을 마련하도록 하였다.[13]

3) 로봇과 공존사회 대비

국무총리 소속으로 국가로봇윤리·정책위원회를 설치하고, 국가로봇정책연구원을 설립하여 로봇공존사회의 도래에 따른 교육·고용·복지 등 사회 각 분야의 미래변화를 예측하고 대응하며[14] 로봇공존사회 기본계획 수립,[15] 로봇등록제도,[16] 로봇공존사회로의 변화를 준비하기 위한 로봇윤리사회적협의기구의 구성[17] 등을 규정하고 있다.

---

12) 「로봇기본법(안)」 제2조~제8조.
13) 「로봇기본법(안)」 제3조.
14) 「로봇기본법(안)」 제9조~제11조.
15) 「로봇기본법(안)」 제13조~제14조.
16) 「로봇기본법(안)」 제16조~제17조.
17) 「로봇기본법(안)」 제21조.

4) 로봇의 이용과 로봇의 결함에 대한 책임

사회적 약자도 로봇과 로봇기술 이용의 기회를 가지고 혜택을 누릴 수 있도록 하며,[18] 로봇 제조자는 로봇의 결함으로 손해를 입은 자에게 그 손해를 배상하도록 하고, 정부는 이용자의 권익 보호를 위한 시책을 마련하도록 규정하였다.[19]

(3) 적용의 한계

「지능형 로봇법」은 '외부환경을 스스로 인식하고 상황을 판단하여 자율적으로 동작하는 기계장치(기계장치의 작동에 필요한 소프트웨어를 포함한다)'를 지능형 로봇으로 정의하며, 「로봇기본법(안)」에서도 '외부환경을 스스로 인식하고 상황을 판단하여 자율적으로 동작하는 기계장치 또는 소프트웨어'를 '로봇'으로 정의하고 있어 지능형 로봇과 로봇의 개념에 차이가 없음에도 각각 다른 법률에 다른 용어로 정의하고 있다.

또한 「소프트웨어산업 진흥법」의 소프트웨어를 컴퓨터, 통신, 자동화 등의 장비와 그 주변장치에 대하여 명령·제어·입력·처리·저장·출력·상호작용이 가능하게 하는 지시·명령(음성이나 영상정보 등을 포함한다)의 집합과 이를 작성하기 위하여 사용된 기술서(記述書)나 그 밖의 관련 자료라고 규정[20]하고 있어 앞의 지능형 로봇이나 로봇과 유사하며 법률 적용시에 문제가 발생할 수 있다.[21]

---

18) 「로봇기본법(안)」 제20조.
19) 「로봇기본법(안)」 제23조~제24조.
20) 「소프트웨어산업 진흥법」 제2조.
21) 황의관, "로봇기본법제와 소비자 문제에 관한 연구 - 로봇기본법안의 검토를 중심으로 -", 가천법학 제10권 제4호, 가천대학교 법학연구소, 2017, p.102.

3. 「자율주행자동차 상용화 촉진 및 지원에 관한 법률」

(1) 입법의 배경

이미 국내외 기업들이 자율주행자동차의 상용화를 위하여 연구·개발을 추진하고 있으나 현행 「자동차관리법」에서는 자율주행자동차의 개략적인 정의와 임시운행허가의 근거만 존재하고 상용화의 전제가 되는 운행구역, 안전기준 등에 관한 법적 근거가 미비한 상황이다.

이에 자율주행자동차의 종류를 세분화하여 정의하고, 자율주행자동차 상용화를 위한 연구와 시범운행 등이 원활히 이루어질 수 있도록 관련 규제를 완화하는 등, 자율주행자동차의 상용화를 촉진하고 운행기반을 조성하기 위해 「자율주행자동차 상용화 촉진 및 지원에 관한 법률(약칭: 자율주행자동차법)」이 2019년 4월 30일에 제정되어 2020년 5월 1일부터 시행되고 있다.[22]

(2) 주요 내용

1) 자율주행자동차의 정의와 종류

① 자율주행자동차의 정의

「자율주행자동차법」에서는 운전자 또는 승객의 조작 없이 자동차 스스로 운행이 가능한 자동차를 '자율주행자동차'로 정의하고 있다. 그리고 운전자 또는 승객의 조작 없이 주변 상황과 도로 정보 등을 스스로 인지하고 판단하여 자동차를 운행할 수 있게 하는 자동화

---

22) 국가법령정보센터 http://www.law.go.kr/LSW//main.html(2021.9.30. 최종방문).

장비, 소프트웨어 및 이와 관련한 일체의 장치를 '자율주행시스템'으로, 자율주행기능을 지원·보완하여 효율성과 안전성을 향상시키는 지능형교통체계를 '자율주행협력시스템'으로 정의하고 있다.[23]

② 자율주행자동차의 종류

자율주행시스템만으로는 운행할 수 없거나 지속적인 운전자의 주시를 필요로 하는 등 운전자 또는 승객의 개입이 필요한 자율주행자동차를 '부분 자율주행자동차'로, 자율주행시스템만으로 운행할 수 있어 운전자가 없거나 운전자 또는 승객의 개입이 필요하지 아니한 자율주행자동차를 '완전 자율주행자동차'로 분류하고 있다.[24]

2) 자율주행 안전구간과 시범운행지구의 지정

자율주행자동차의 운행지원을 위한 인프라 등을 고려하여 자동차전용도로 중 안전하게 자율주행할 수 있는 구간의 지정과 자율주행 안전구간의 확대, 도로시설의 개선 및 유지·보수, 자율협력주행시스템의 우선 구축 등 필요한 조치를 하거나 해당 구간의 도로관리청과 시·도경찰청 등 관계기관의 장에게 필요한 조치를 하도록 요구할 수 있다.[25] 그리고 시·도지사의 신청을 받아 자율주행자동차 시범운행지구 위원회의 심의·의결을 거쳐 자율주행자동차 시범운행지구를 지정할 수 있다.[26]

3) 자율협력주행 인증관리센터의 설치·운영

자율주행 기술은 도로 인프라와 상응하여 보다 안전한 '자율협력주행'으로 발전하고 있으나, 이와 동시에 자동차의 지능화 및 연결성

---

23) 「자율주행자동차법」 제2조.
24) 「자율주행자동차법」 제2조.
25) 「자율주행자동차법」 제6조.
26) 「자율주행자동차법」 제7조.

확대는 해킹 등에 의해 이용자의 생명과 안전을 위협할 수도 있다. 이를 방지하기 위하여 자율협력주행 인증의 안전성 및 신뢰성 확보, 자율협력주행 인증 관련 기술 개발·보급 및 표준화 연구, 자율협력주행 인증 관련 제도 연구 및 국제협력 지원과 자율협력주행 인증관리센터를 설치·운영할 수 있다(2021.7.27. 신설).[27]

4) 익명처리된 개인정보 등의 활용

자율주행자동차를 운행하는 과정에서 수집한 정보의 전부 또는 일부를 삭제하거나 대체하여 다른 정보와 결합하는 경우, 더 이상 특정 개인을 알아볼 수 없도록 익명처리하여 정보를 활용하는 경우에는 「개인정보 보호법」, 「위치정보의 보호 및 이용 등에 관한 법률」 및 「정보통신망 이용촉진 및 정보보호 등에 관한 법률」의 적용을 받지 않는다.[28]

---

27) 「자율주행자동차법」 제27조(자율협력주행 인증관리센터의 설치·운영 등)
　① 국토교통부장관은 자율협력주행 인증의 안전성 및 신뢰성을 확보하기 위하여 다음 각 호의 업무를 수행한다.
　　1. 제28조에 따라 지정받은 인증기관 및 제29조에 따라 지정받은 검증기관에 대한 관리·감독
　　2. 제34조 제1항에 따른 안전조치 이행에 대한 점검
　　3. 자율협력주행 인증 관련 기술 개발·보급 및 표준화 연구
　　4. 자율협력주행 인증 관련 제도 연구 및 국제협력 지원
　　5. 그 밖에 자율협력주행 인증 관리업무를 위하여 필요한 사항
　② 국토교통부장관은 제1항에 따른 업무를 효율적으로 수행하기 위하여 자율협력주행 인증관리센터(이하 "인증관리센터"라 한다)를 설치·운영할 수 있다.
　③ 국토교통부장관은 인증관리센터의 설치·운영을 「한국교통안전공단법」에 따른 한국교통안전공단에 위탁할 수 있다.
　④ 인증관리센터의 설치·운영 등에 필요한 사항은 대통령령으로 정한다.
28) 「자율주행자동차법」 제20조.

4. 「뇌연구촉진법」

「뇌연구촉진법」은 21세기의 정보화, 지능화, 고령화 사회의 추세에 대비하기 위하여 뇌에 대한 과학적 이해를 바탕으로, 뇌질환의 치료와 예방 및 지능적 정보처리에 관한 기술개발로 국민복지의 향상 및 미래의 첨단기술을 확보하기 위해 1998년 제정되었다.[29]

주요 내용으로 뇌연구의 정의,[30] 뇌연구촉진 기본계획의 수립,[31] 연구소의 설립[32] 등이 규정되어 있다. 「뇌연구촉진법」은 뇌신경 과학

---

29) 국가법령정보센터 http://www.law.go.kr/(2021.9.30. 최종방문).
30) 「뇌연구촉진법」 제2조(정의) 이 법에서 사용하는 용어의 뜻은 다음과 같다.
    1. "뇌연구"란 뇌과학(腦科學), 뇌의약학(腦醫藥學), 뇌공학(腦工學) 및 이와 관련된 모든 분야에 대한 연구를 말한다.
    2. "뇌과학"이란 뇌의 신경생물학적 구조, 인지(認知), 사고, 언어심리 및 행동 등의 고등신경(高等神經) 정신활동에 대한 포괄적인 이해를 위한 기초학문을 말한다.
    3. "뇌의약학"이란 뇌의 구조 및 기능상의 결함과 뇌의 노화 등으로 인한 신체적·정신적 질환 및 장애의 원인 규명과 이의 치료, 예방 등에 관한 학문을 말한다.
    4. "뇌공학"이란 뇌의 고도의 지적 정보처리 구조와 기능을 이해하고 이의 공적 응용을 위한 이론 및 기술에 관한 학문을 말한다.
    5. "관계 중앙행정기관"이란 교육부, 과학기술정보통신부, 산업통상자원부, 보건복지부를 말한다.
31) 「뇌연구촉진법」 제5조(뇌연구촉진기본계획의 수립)
    ① 관계 중앙행정기관의 장은 소관별로 뇌연구 촉진을 위한 계획과 전년도 추진 실적을 과학기술정보통신부장관에게 제출하여야 한다.
    ② 과학기술정보통신부장관은 제1항에 따라 관계 중앙행정기관의 장이 소관별로 제출한 뇌연구 촉진을 위한 계획을 종합·조정한 후 「생명공학육성법」 제6조에 따른 생명공학종합정책심의회(이하 "심의회"라 한다)의 심의를 거쳐 뇌연구촉진기본계획(이하 "기본계획"이라 한다)을 수립하고, 이를 관계 중앙행정기관의 장에게 통보하여야 한다. 기본계획을 변경하는 경우에도 또한 같다.
32) 「뇌연구촉진법」 제17조(연구소의 설립)
    ① 뇌 분야에 관한 연구 및 그 이용과 지원에 관한 기능을 수행하고 뇌 분야에서 학계, 연구기관 및 산업계 간의 유기적 협조체제를 유지·발전시키기 위하여 정부가 출연(出捐)하는 연구소를 설립할 수 있다.

기술의 연구를 규율하는 법률로 볼 수 있다.[33]

「뇌연구촉진법」을 근거로, 국내 뇌연구 환경조성 및 연구기반 마련을 위해 제1차 뇌연구촉진 기본계획(1998년 – 2017년)과 뇌연구의 새로운 도약을 위한 비전과 정책방향을 제시하는 제2차 뇌연구촉진 기본계획(2008년 – 2017년)이 수립되었다.

그리고 제3차 뇌연구촉진 기본계획(뇌연구 혁신 2030)이 2018년 5월에 발표되었다.[34] 제3차 뇌연구촉진 기본계획의 주요 과제는 혁신적 뇌공학 기술개발을 기반으로 특화 뇌지도(뇌신경회로망 구조·기능)를 구축하고, 경쟁형 R&D를 통해 글로벌을 지향하는 최초의 원천기술개발, 인공지능을 활용하여 뇌원리를 규명함으로써 규명된 뇌원리를 활용해 차세대 AI, 뇌 – 기계 인터페이스(BMI), 뉴로모픽칩(Neuromorphic Chip) 등 4차 산업혁명의 핵심기반인 지능화 기술개발 등을 하는 것이다. 또한 ICT＋로봇＋뇌 융합 등을 통해 신경자극, 조절용 인체삽입 전자약 등 신개념의 뇌질환 치료기술도 개발할 계획이다.

제2절 일 본

1. AI 개발과 활용 현황

일본은 1990년대부터 실시된 정부 주도의 행정개혁 이후 정책형성의 장(場)으로서 경제재정자문회의나 종합과학기술·기술혁신회의

---

② 제1항에 따른 연구소는 「특정연구기관 육성법」을 적용받는 특정연구기관으로 한다.

33) 엄주희, "뇌신경윤리에 관한 법제 연구", 법제논단, 법제처, 2018, p.68.

34) 한국과학기술정보통신부·교육부·산업통상자원부·보건복지부, 뇌연구혁신 2030: 제3차 뇌연구촉진 기본계획, 2018.

등 내각이나 내각부에 설치된 회의체가 중요한 역할을 해 왔다. AI에 관한 회의체는 총무성(總務省, 인공지능 기술전략회의), 내각부(內閣府, 종합과학기술 이노베이션회의), 문무과학성(文部科學省, 인공지능 기술전략) 등이 AI 정책형성을 주도해왔다.[35]

대표적 예로 '일본재흥전략 2015('日本再興戰略」 改訂 2015−未來への投資・生産性革命−)[36]에서 로봇(Robot)기술이 사회를 근본적으로 변화시키는 제4차 산업혁명의 핵심으로 보고 새로운 사회변화에 대비하고 있다.

또한 제5기(2016년−2020년도) 과학기술기본계획(第5期 科學技術基本計畫)[37]에서는 세계 각국에서 민·관의 협력으로 제4차 산업혁명을 선도하기 위한 시도가 시작됐다고 언급하며, 일본도 'Society 5.0'을 추진할 것을 선언했다.

Society 5.0은 수렵사회, 농업사회, 산업사회, 정보사회에 이어 인류 사상 다섯 번째로 나타난 새로운 사회이며, 새로운 가치나 서비스가 계속 창출되어 사회 주체인 사람들에게 풍요로움을 주는 사회이다.[38] Society 5.0이 실현될 사회 모습의 예로 생활의 질 향상을 가져다주는 로봇(Robot)과 인간의 공존을 들고 있다.

일본의 AI와 로봇(Robot) 관련 정책은 경제·산업정책적인 면이 강하다. 저출산 고령화가 일본 경제에 미치는 악영향을 타개하기 위하여 AI와 로봇(Robot) 정책에 큰 기대를 하고 있다. 예를 들면, '일본재흥전략 2016−제4차 산업 혁명을 향해서−(日本再興戰略 2016−

---

35) 新保史生, ロボットAIと法をめぐる圈内の政策動向, 人工知能學會誌 32卷 5号, 2017, p.655.

36) 日本 閣議決定, 「日本再興戰略」改訂 2015−未來への投資・生産性革命−2015 (https://www.kantei.go.jp/jp/singi/keizaisaisei/kettei.html#tousi2018(2021. 9.30. 최종방문).

37) 日本 內閣府 https://www8.cao.go.jp/cstp/kihonkeikaku/index5.html(2021.9. 30. 최종방문).

38) https://www.gov−online.go.jp/cam/s5/(2021.9.30. 최종방문).

第4次産業革命に向けて－)'[39]에서 인구감소에 따른 노동력 감소를 극복하는 생산성 혁명에 AI와 로봇(Robot)을 핵심으로 보고 있다.

　　노동인구가 감소하는 가운데 비정형적인 업무는 인간이 담당하고 기계적인 작업은 AI에 맡기거나, 고령자들의 노동을 지원하는 로봇(Robot)을 개발하는 등의 초고령화 사회의 새로운 노동 모델을 만드는 것도 가능할 것이다.

2. 정부의 AI 정책

(1) 인공지능과 인간사회에 관한 간담회

　　'인공지능과 인간사회에 관한 간담회(人工知能と人間社會に關する懇談會)'는 Society 5.0을 실현하는 주요 기술인 AI의 연구개발과 활용을 추진하기 위해서 2016년 5월에 내각부(內閣府)에 설치됐다. '인공지능과 인간사회에 관한 간담회'는 현존하거나 가까운 미래에 실현될 가능성이 있는 AI 기술이 사회에 보급되는 과정에서 고려해야 할 점과 향후 과제, 방향성 등을 제시하고 있다.[40]

　　또한 이동(移動), 제조(製造), 개인 서비스(個人向けサービス), 대화와 교류(對話·交流) 등 대표적인 4개 분야에서 AI 기술과 분리할 수 없는 디지털라이제이션(Digitalization)의 사례와 AI 기술의 개발자, 사용자, 기업 그리고 정부 등 다양한 관계자의 입장으로부터 인공지능과 인간사회 사이에 생기는 각종 논점을 밝히는 것을 목표로 한다. 구체적으로 다음과 같은 문제가 논의되었다.[41]

---

39) https://www.kantei.go.jp/jp/singi/keizaisaisei/pdf/zentaihombun_160602.pdf.
40) 日本　內閣府　http://www8.cao.go.jp/cstp/tyousakai/ai/index.html(2021.9.30. 최종방문).
41) 日本　內閣府, 人工知能と人間社會, pp.2－3.

1) 윤리적 문제

윤리적 문제에 대해서는 ① 사람의 판단과 AI 기술에 기초한 판단의 균형성과 그 균형의 변화에 따른 윤리관 변화, ② AI 기술발전에 따라 사람의 인지와 행동이 확장됨으로써 인간관의 변화 가능성, ③ AI 기술을 이용한 창작물에 가치의 수용이나 그 변화 등에 대한 인식변화, ④ AI 기술의 보급에 따라 사용자가 모르는 사이에 감정이나 생각, 행동이 조작될 우려에 대한 검토 등이다.

2) 법률적 문제

법률적 문제에 대해서는 ① AI에 의한 사고 등의 책임 분배, ② 빅데이터(Big Data)를 활용한 AI 기술의 편리성 확보 및 개인정보 보호의 양립에 대해 법적 정비·대응의 필요성, ③ 알고리즘(Algorithm) 개발자나 데이터 제공자, 이용자 등 다양한 이해관계자가 관여하는 AI 기술을 활용한 창작물의 권리 등에 대한 검토 등이다.

3) 사회적 문제

사회적 문제에 대해서는 AI 기술과 관련된 사회적 비용의 불균형 방지, AI에 대한 의존이나 과신 등 새로운 사회문제나 사회적 병리의 발생 가능성 등을 검토하고 있다.

4) 교육적 문제

교육적 문제에 대해서는 ① 현재의 인공지능 기술의 한계를 파악하고 협동하여 창조적 활동의 가능성 타진, ② 인간의 능력과 AI 기술의 차별화를 통한 인간만이 할 수 있는 능력을 키우는 교육 커리큘럼 개발, ③ 인간의 발전을 위해 종래와 같이 실시해야 하는 교육 정책의 검토 등이다.

5) 연구개발과정의 문제

연구개발과정에서의 문제는 ① 연구자나 개발자는 윤리관을 가지고 가이드라인이나 윤리 규정의 준수, ② AI 기술의 계산과정이나 결과를 명확히 하는 투명성 확보, ③ 프라이버시(Privacy) 보호를 위한 기술개발 및 보안 확보, ④ 기계학습(Machine Learning)의 확률적 판단에 대한 사회적 수용성과 AI 기술의 다양성 추진, ⑤ AI에 관한 인문·사회·법률 등과의 융합연구 추진을 통하여 사회에 공헌하는 AI 기술의 개발 등이다.

(2) 인간중심의 AI 사회원칙 검토회의

2018년 5월에 개최된 '인간중심의 AI 사회원칙 검토회의(人間中心のAI社會原則檢討會議)'는 AI를 더 나은 형태로 사회에 구현하고 공유하기 위한 기초가 될 수 있도록 인간중심의 AI 사회원칙(Principles of Human-centric AI society)을 수립하고 이 원칙을 G7 및 OECD 등의 국제 논의에 제공하기 위해 2018년 5월 내각부에 설치되었다.[42]

2019년 3월에는 산·학·민·관을 포함하는 다양한 이해관계자의 시각에서 인간의 존엄이 존중되는 사회(Dignity), 다양한 배경을 가진 사람들이 다양한 행복을 추구할 수 있는 사회, 지속성 있는 사회(Sustainability) 등 이념과 가치를 존중하고 그 실현을 추구하는 사회를 만들기 위한 '인간중심의 AI 사회원칙(人間中心のAI社會原則)'이 발표되었다.[43] 주요 내용은 다음과 같다.

---

42) 日本 內閣府 https://www8.cao.go.jp/cstp/tyousakai/humanai/index.html(2021. 9.30. 최종방문).
43) 日本 內閣府, 人間中心のAI社會原則, 統合イノベーション戰略推進會議決定, 2019.

1) 인간중심의 원칙

인간중심의 원칙은 AI 이용이 헌법 및 국제적인 규범이 보장하는 기본적 인권을 보호해야 한다는 것이다. 나아가 AI가 활용되는 사회에서 인간이 AI에 과도하게 의존하거나 AI를 악용해 사람의 의사결정을 조작하는 일이 없도록 교육과 시스템을 도입하는 것이다.

2) 사생활 보호의 원칙

사생활 보호의 원칙은 개인정보를 이용한 AI의 이용과 활용 과정에서 개인의 자유, 존엄, 평등이 침해되지 않도록 해야 한다는 것으로, AI의 사용이 개인에게 해를 끼칠 가능성에 대처하기 위해 기술적 구조나 시스템의 정비를 요구한다.

3) 교육과 능력의 원칙

교육과 능력의 원칙은 AI를 사회적으로 올바른 방향에서 이용할 수 있는 지식과 윤리를 가져야 한다는 원칙이다. 따라서 개발자는 사회에 도움이 되는 AI를 개발하고 이용자는 AI를 사회규범에 맞게 이용하는 규범의식을 가지기 위해 인문·사회과학 및 다양한 학문을 학습한다.

4) 보안의 원칙

보안의 원칙은 AI의 이익과 위험 사이의 균형을 위해 사회에서 사회 안전성과 지속 가능성을 고려해야 한다는 것으로, AI 이용시 위험에 대한 올바른 평가와 위험을 감소하기 위한 연구, 사이버 보안의 확보를 통해 위험이 체계적으로 관리될 수 있도록 해야 함을 강조한다.

5) 공정경쟁의 원칙

공정경쟁의 원칙은 특정국에 AI기술이 집중될 경우, 그 지배적인 지위를 이용하여 데이터를 부당하게 수집하거나 타국의 주권을 침해하여서는 안 된다는 것이다. 또한 특정 기업에 AI에 관한 자원이 집중된 경우에도 그 지배적인 지위를 이용해 부당하게 데이터를 수집하거나 지배적인 지위로 불공정한 경쟁이 이루어지는 사회가 되어서는 안된다는 것이다.

6) 설명책임 및 투명성의 원칙

설명책임 및 투명성의 원칙은 AI를 이용하고 있다는 사실이나 AI에 이용되는 데이터의 취득방법과 사용방법, 그리고 AI의 동작결과에 적절성을 보장하는 구조 등에 대한 설명이 가능해야 함에 주목한다.

7) 이노베이션의 원칙

이노베이션의 원칙은 대학과 연구기관 및 기업 간의 대등한 협업·연계나 인재의 이동을 촉진해야 하며, 이를 위해 정부가 AI 기술의 보급을 저해하는 관련 규제를 개혁할 것을 주문한다.

(3) AI 네트워크 사회추진회의 등

「AI 네트워크화 검토회의(AIネットワーク化檢討會議)」는 AI(로봇을 포함)가 네트워크에 접속되어 AI 상호간 또는 AI와 다른 시스템 간 네트워크가 형성되는 것을 「AI 네트워크화」[44]라고 정의하고 이러한 AI

---

44) 日本 總務省, 報告書 2016 AIネットワーク化の影響とリスクー智連社會(WINS)の實現に向けた課題ー, AIネットワーク化檢討會議, 2016, p.1.

네트워크화로 발생 가능한 사회적 영향과 위험성에 대해서 검토하기 위해 2016년 2월 총무성(總務省) 정보통신정책연구소(情報通信政策研究所)에 설치되었다.[45]

2016년 10월에는 「AI네트워크화 검토회의」가 「AI네트워크 사회추진회의(AIネットワーク社會推進會議)」로 바뀌어 논의가 지속되었다. 「AI네트워크화 검토회의」에서는 AI개발원칙(AI開發原則)이, 「AI네트워크 사회추진회의」에서는 국제적 논의를 위한 AI개발 가이드라인(안)(國際的な議論のためのAI開發ガイドライン案)이 다루어졌다. 「AI네트워크화 검토회의」의 AI개발원칙[46]은 다음과 같다.

1) 투명성의 원칙

투명성의 원칙은 네트워크 동작의 검증 가능성과 설명 가능성을 확보하고 추론 메커니즘의 투명화, 알고리즘(Algorithm)의 블랙박스화 방지에 관한 원칙이다.

2) 이용자 지원 원칙

이용자 지원 원칙은 AI가 이용자에게 네트워크 시스템 지원 및 선택 기회를 제공하여 인간의 인지능력을 보완해야 한다는 원칙이다.

3) 제어 가능성의 원칙

제어 가능성의 원칙은 가상화(Virtualization) 기술을 이용한 AI 제어 방식을 다룬다.

---

45) 日本 總務省 情報通信政策研究所 http://www.soumu.go.jp/main_sosiki/kenkyu/ai_network/index.html(2021.9.30. 최종방문).
46) 日本 總務省, 報告書 2016 AIネットワーク化の影響とリスク－智連社會(WINS)の實現に向けた課題－, AIネットワーク化檢討會議, 2016, pp.43－47.

4) 보안확보의 원칙

보안확보의 원칙은 정보 보안의 3요소(기밀성, 완전성, 가용성)를 확보하여 이용자와 제3자의 생명·신체의 안전을 위해 보안상의 위협과 취약성을 보완하는 것을 내용으로 하며, 안전 보호의 원칙은 안전 관리(예방, 검출, 대응, 지속적인 보수 등)를 통해 AI 네트워크 시스템이 이용자 및 제3자의 생명·신체 안전에 미치는 위험을 미연에 방지하고자 하는 원칙이다.

5) 사생활 보호의 원칙

사생활 보호의 원칙은 공간 프라이버시(사생활의 평온), 정보 프라이버시, 생체 프라이버시(생체정보)의 보호를 목적으로 한다.

6) 윤리 · 책임의 원칙

윤리의 원칙은 AI와 인간의 뇌를 연결했을 경우 생길 수 있는 인간의 존엄과 개인의 자율 존중 같은 문제와 AI 등에 윤리를 구현하는 방식을 검토하는 것이며 책임의 원칙은 AI 네트워크 연구 개발자와 이용자 간 협력 문제 및 설명·정보 공유와 같은 문제를 다룬다.

제3절 미 국

1. AI 개발과 활용 현황

미국에서는 AI와 사물인터넷 관련 기술을 다양한 산업분야에 활용하고 있다. 자율주행자동차와 의료, 유통업, 금융 등의 분야에서 AI

기술의 실용화가 진행되고 있다.[47) 특히 자연어 처리기술과 화상인식 기술의 중요성이 강조되며 자율주행자동차 분야에서는 음성인식 보조장치와 장애물 자동회피 및 자동제동장치 등에 AI 기술이 활용되고 있다.

의료분야에서는 X선 사진이나 MRI 등 의료장비에 화상인식 AI를 접목하면서 인간이 판단할 수 없는 미세한 부분에 AI를 활용하고 있다. 아이비엠(IBM)사가 개발한 인공지능 왓슨(Watson)은 의료분야에서 활용되고 있는 대표적인 AI이다.

화상인식은 인간이 판단할 수 없는 부분을 예측·판단하는 기술로써 유용하며 이를 바탕으로 빅데이터(Big Data) 분석이나 예측기술 역시 발달하였다.

또한 신약개발 시 화합물이나 천연물질의 배합과정에서 최적의 배합 상태를 AI 스크리닝(Screening) 기술로 찾아낼 수 있다.

유통업 분야에서는 AI를 활용해 고객의 익스피리언스(Experience) 향상이나 비즈니스 프로세스의 효율화를 도모하고 있다. 예를 들면, 아마존(Amazon)은 거대한 창고에서 주문된 상품의 배송 작업과 효율적인 동선의 분석 작업에 AI를 활용하고 있다.

수치화된 데이터가 필요한 금융분야에서는 AI에 의한 빅테이터 활용이 주목을 받고 있다. 수치화된 데이터는 오류의 발생 가능성이 적으며 AI가 취급하기 쉽기 때문이다. 그리고 미국 증권거래위원회(Securities Exchange Commission)[48)는 기계학습(Machine Learning) 알고리즘(Algorithm)을 활용하여 잠재적인 투자 시장에서 부정행위 방지를 위해 적극적으로 모니터링하고 있다.

---

47) 미국 백악관 https://www.whitehouse.gov/ai/ai-american-innovation/(2021.9.30. 최종방문).
48) 미국 증권거래위원회 https://www.sec.gov/(2021.9.30. 최종방문).

2. 정부의 AI 정책

(1) 미국 AI 이니셔티브

2019년 2월 11일 도널드 트럼프(Donald Trump) 대통령은 AI 개발을 위한 연방정부의 지원과 국가 및 경제, 안보, 국민의 삶의 질을 높이기 위한 미국 AI 이니셔티브(American AI Initiative)를 발표했다.[49] 미국 AI 이니셔티브(American AI Initiative)의 주요 내용은 다음과 같다.

첫째, AI 분야에 대한 우선 투자와 AI 연구개발에 대한 국가의 강력하고 장기적인 계획을 주요 내용으로 한다. 이러한 투자는 미국의 독창적이고 역동적인 산학 연계 및 산업계의 R&D 생태계를 강화할 것으로 보인다.

둘째, AI 연구개발 전문가, 연구원 및 산업체가 공공의 신뢰를 바탕으로 데이터 및 컴퓨팅 리소스의 활용시 안정성, 보안성을 담보하는 한편, 자유와 개인정보보호 및 비밀 유지에 대한 권리의 보유를 강화하는 것이다. 이 활동은 새로운 기술 혁신을 위한 최고 수준의 AI 연구의 주도와 경쟁력 확보 및 국가 안보의 촉진이 포함되어 있다.

셋째, AI 시스템 개발에 대한 지침을 수립하여 다양한 종류의 기술 및 산업분야에 대한 대중의 신뢰를 확보한다는 방침이다. 이 지침은 연방정부가 안전하고 신뢰할 수 있는 새로운 AI 기술의 개발 및 채택을 위한 접근법의 개발과 유지에 도움이 될 것이다.

넷째, AI 시대에 맞는 기술보급을 위해 AI 관련기술을 습득하도록 지원한다. 이에 따라 기술, 공학 등의 다양한 분야에서 교육활동이 진행될 것으로 예상된다.

---

49) 미국 백악관 https://www.whitehouse.gov/articles/accelerating−americas−leadership−in−artificial−intelligence/(2021.9.30. 최종방문).

마지막으로 AI 산업을 위한 시장개방, 국가기술의 가치와 이익에 부합하도록 기술개발을 보장하는 국제 환경의 조성이다.

(2) 국민을 위한 AI 정책

미국 산업을 위한 AI 정상회담(Summit on Artificial Intelligence for American Industry)이 개최된 2018년 5월, '미국인을 위한 인공지능(Artificial Intelligence for the American People)'이라는 제목으로 성명을 발표했다.[50] 이 성명은 국민의 생활을 개선하고 미국의 노동자와 그 가족들에게 이익을 가져다줄 수 있는 AI 혁신을 실현하기 위한 연방 정부의 정책이다. AI의 혁신을 위한 연방정부의 주요 정책은 다음과 같다.

1) 연구개발의 우선 배분

AI 연구분야에 필요한 예산을 우선적으로 배분하고 예산을 증액할 수 있도록 하는 것이다. 2018년 AI에 관한 연구 예산은 2015년보다 40% 증가하였으며, 2019년 연구개발 예산 요구에서 미국 역사상 처음으로 AI와 자율시스템, 무인시스템을 우선 항목으로 정하였다.

2) 규제 개혁

각종 규제를 개혁하여 자율주행자동차의 공공도로 주행을 검증하기 위해 제도를 정비(2017. 9)한 것이나 FDA(Food and Drug Administration)에서 당뇨병 망막증의 조기 발견을 위해 AI를 이용한 장치를 의료 기기로 승인(2018. 4)한 것을 예로 들 수 있다.

---

50) 미국 백악관 https://www.whitehouse.gov/briefings – statements/artificial – intelligence – american – people/(2021.9.30. 최종방문).

3) AI의 행정분야 활용

AI를 행정분야에 활용하고 행정 서비스의 효율을 높이기 위해 자동화 소프트웨어를 도입하며 정부 이외의 AI 연구 응용을 지원하기 위하여 정부 소유의 데이터를 제공한다. 이를 바탕으로 자동화, AI, 기계학습(Machine Learning) 등에 투자가 진행되고 있다.

(3) AI 시대의 대비

1) 개 요

미국에서는 과학기술정책과 관련하여 각 부처의 과학기술 정보를 집약·조정하는 국가과학기술회의(National Science and Technology Council)와 과학기술정책국(Office of Science and Technology Policy)을 중심에 두고 있다. 2016년 10월에 AI의 사회적 영향과 제도 설계에 대한 보고서 「AI의 미래를 위한 준비(Preparing for the Future of Artificial Intelligence)」와51) 「AI연구개발국가전략계획(National Artificial Intelligence Research and Development Strategic Plan)」을 발표했다.52)

국가과학기술회의(National Science and Technology Council)와 과학기술정책국(Office of Science and Technology Policy)은 대학과 비영리 단체들의 의견을 수렴하였고 그 성과는 23가지 제언에 반영되었다.

---

51) 미국 백악관 https://obamawhitehouse.archives.gov/sites/default/files/whitehouse_files/microsites/ostp/NSTC/preparing_for_the_future_of_ai.pdf.
52) 미국 백악관 https://obamawhitehouse.archives.gov/sites/defaultlfiles/whitehouse_files/microsites/ostp/NSTC/national_ai_rd_strategic_plan.pdf.

2) 제언과 연구개발을 위한 전략

① 23가지 제언

AI의 미래를 위한 제언에는 범죄예측 툴(Tool)의 정의부터 항공·교통 제어 시스템의 연구와 개발 및 실행 논의에 이르기까지 그 내용이 다양하다. 특히 23가지 제언 중 20개 항목에서 정부와 공공기관의 역할이 명시되어 있다.

제언 1(Recommendation 1)에서는 AI 개발로 사회에 이익을 가져오는 방법과 AI의 기계학습(Machine Learning)을 활용할 수 있는 방안을 검토할 것을 제안하고 있다. 다만 그 대상이 민간 및 공공기관(Private and Public Institutions)에 한정되어 있다.

제언 7(Recommendation 7)에서는 안전과 연구 및 기타 목적으로 데이터 공유를 증대시키기 위해 산업계와 연구자 간 협력의 필요성을 강조하고 있다. 그리고 제언 12(Recommendation 12)에서는 산업계에서 일반적인 정보를 제공할 것을, 제언 18(Recommendation 18)에서는 대학 등에서 윤리·보안·프라이버시(Privacy)·안전에 관한 교육을 할 것을, 제언 19(Recommendation 19)에서는 전문가에게 안전을 위한 지속적 협력을 요구하고 있다.

② AI 연구개발을 위한 국가적 전략

앞의 제언과 함께 AI 연구개발을 위한 국가적 전략으로 다음과 같이 7가지 전략을 직접 거론하고 있다. 그 내용은 ① AI 연구에 장기적 투자, ② 인간과 AI의 효과적인 협동 방법의 개발, ③ AI의 윤리와 법, 사회적 영향의 이해와 대응, ④ AI 시스템의 안전과 보안의 확보 방안, ⑤ 공유 가능한 AI 학습과 시험에 대한 공적 데이터셋(Data Set)과 환경의 정비, ⑥ 기술표준과 벤치마킹으로 AI 기술의 측정과 평가방법, ⑦ 국가적인 AI 연구개발 인력의 수요에 관한 새로운 이해이다.

이러한 전략을 제시함으로써 AI 연구개발에 효과적인 투자를 위해 정책개발 등 새로운 틀을 개발할 것을 간접적으로 제언하고 있다.

3) 안전보장정책과 AI

AI의 미래를 위한 준비(Preparing for the Future of Artificial Intelligence)의 마지막인 23번째의 제언(Recommendation 23)으로, 국제 인도법에 따른 자율형, 반자율형 무기에 관한 정부의 정책이 거론되고 있다. 방위고등연구계획국(Defense Advanced Research Project Agency)의 AI를 이용한 신병 교육 프로그램 연구활동과 2014년 11월에 발표한 방위 혁신사업(Defense Innovation Initiative), 그리고 제3의 상쇄 전략(The Third Offset Strategy)[53]의 추진을 예로 들 수 있다.

안전보장을 위해 AI가 무인기(공격기 · 잠수기)와 자율형 · 반자율형 무기, 의사결정 지원시스템 등에 활용될 수 있도록 연구개발투자를 늘려나갈 계획이다. 실제로 미국 해군은 자율형 방공시스템 등을 도입 · 구축하고 있으며 민간 분야와의 기술 교류도 활발하다.

다만, 이러한 움직임에 대해서 경계하는 입장도 있다. 앞에서 설명한 아실로마 AI원칙의 「윤리와 가치에 관한 과제」에서 자율형 무기에 대한 군비 확대 반대(AI 무기경쟁, AI Arms Race)가 대표적이다. 또한 지역 간 범죄 및 정의연구소(Interregional Crime and Justice Research Institute)가 2016년 9월에 설치한 '인공지능 로봇센터(Centre for Artificial Inteligence and Robotics)'[54]의 자율형 무기의 악용 가능성 감시도 역시

---

53) 박준혁, "미국의 제3차 상쇄전략-추진동향, 한반도 영향전망과 적용방안-", 국가전략 2017년 제23권 2호, 세종연구소, 2017, pp.36-37.
54) 지역 간 범죄 및 정의 연구소 http://www.unicri.it/topics/ai_robotics/centre/ (2021.9.30. 최종방문).

같은 우려에서 비롯된 것이다.

3. 법제도적 규제

(1) 윤리적 규제

빅데이터(Big Data) 분석과 기계학습(Machine Learning)으로 AI가 개인이나 집단에 영향을 줄 수 있기 때문에 특히 공적의사결정 시스템에서 알고리즘(Algorithm)의 편향에 대한 사전규제가 필요하다.[55] 2016년 5월에 발표된 빅데이터: 알고리즘 시스템, 기회, 그리고 시민 권리에 대한 보고서(Big Data: A Report on Algorithmic Systems, Opportunity, and Civil Rights)[56]는 알고리즘(Algorithm)의 편향으로 나타날 수 있는 위험성을 규제하기 위한 윤리적 가이드라인으로 볼 수 있다.

빅데이터: 알고리즘 시스템, 기회, 그리고 시민 권리에 대한 보고서(Big Data: A Report on Algorithmic Systems, Opportunity, and Civil Rights)는 빅데이터와 신용에 대한 접근(Big Data and Access to Credit), 빅데이터와 고용(Big Data and Employment), 빅데이터와 고등 교육(Big Data and Higher Education), 빅데이터와 범죄 정의(Big Data and Criminal Justice) 등으로 분류하고 각 분야에서 나타날 수 있는 문제점과 윤리적 규제방안을 제시하고 있다. 각 분야별 윤리적 규제방안은 다음과 같다.

---

55) 임경숙, 인공지능에 관한 법적 규율방안: 인공지능 알고리즘과 빅데이터의 법적 규율을 중심으로, 한양대학교 법학전문대학원 박사학위 논문, 2019, p.46.
56) Executive Office of the President Big Data: A Report on Algorithmic Systems, Opportunity, and Civil Rights, 2016.

1) 빅데이터와 신용에 대한 윤리적 규제

빅데이터(Big Data)와 신용에 대한 윤리적 규제방안은 ① 소비자 권리를 존중하면서 합리적인 신용에 대한 접근 확대, ② 사회적 네트워크가 단절된 사람들 사이에 존재하는 불균형의 해소, ③ 신용 점수를 작성하는데 사용되는 기초 데이터 공개와 이의를 제기할 수 있는 권리의 확보 등을 내용으로 한다.

2) 빅데이터와 고용에 대한 윤리적 규제

빅데이터(Big Data)와 고용에 대한 윤리적 규제 방안은 신용 상태 및 범죄기록 등 개인의 과거 정보가 빅데이터(Big Data)로 작성될 경우, 일반적인 고용 기준에 반영될 수 있으므로 공정성과 균등한 기회에 대한 광범위한 영향을 고려한 시스템을 구축해야 한다. 그리고 기계학습(Machine Learning) 알고리즘(Algorithm)을 통해 기존 직원의 과거 성과를 검토함으로써 어떤 직원이 더 높은 성과를 낼 수 있는지 판단하는 데 도움을 줄 수 있는 방향으로 개선하는 것이다.

3) 빅데이터와 고등교육에 대한 윤리적 규제

빅데이터(Big Data)와 고등교육에 대한 윤리적 규제 방안은 저소득층 학생들의 대학 입학결정시 차별 가능성 배제에 초점이 맞추어져 있다.

4) 데이터와 범죄 정의를 위한 규제

데이터와 범죄 정의를 위한 규제 방안은 ① 데이터와 알고리즘(Algorithm) 시스템을 이용할 때 인간의 본능과 편견에 의해 범죄 정의가 부당하게 왜곡되지 않도록 해야 하며, ② 알고리즘(Algorithm)이 인종, 종교, 소득 수준, 교육 또는 기타 데이터 특성을 기반으로 불균형적으로 치우치지 않도록 해야 하며, ③ 범죄 보고서 작성시 데이터 수집방법의 개선과 현대화, ④ 범죄예측 효과 분석시 정부, 학계, 지역 사회 등 이해관계자들의 참여 등을 규정하고 있다.

(2) 법제도적 규제

미국의 인공지능에 대한 대표적인 법안은 존 딜레니이(John Delaney) 의원이 2017년 12월 12일에 사회안정과 경제적 번영을 목적으로 발의한 AI의 미래법(Future of Artificial Intelligence Act of 2017)이다.[57]

AI의 미래법(Future of Artificial Intelligence Act of 2017)은 인공지능의 유형을 일반적인 인공지능(Artificial Intelligence: AI), 범용인공지능(Artificial General Intelligence: AGI), 그리고 좁은 의미의 인공지능(Narrow Artificial Intelligence: NAI)으로 분류하여 정의(SEC. 3. Definitions)하고 연방자문위원회의 설치 등을 규정하고 있다.

1) 인공지능의 유형

① 일반적인 인공지능(Artificial Intelligence)

일반적인 인공지능(Artificial Intelligence)은 ① 사람이 직접 감시하지 않고 예측할 수 없는 상황에서 작업을 수행하거나 경험을 통해 배우고 성과를 향상시킬 수 있는 인공시스템, ② 인지 체계와 신경망 등으로 인간과 같이 생각하는 체계, ③ 자연어 처리, 지식 표현, 자동화된 추론 및 학습을 통해 튜링(Turing) 테스트 또는 기타 유사한 테스트를 통과할 수 있는 시스템과 같이 인간처럼 행동하는 시스템, ④ 기계학습(Machine Learning)을 포함한 일련의 기법으로 인지 문제의 해

---

57) 미국 의회도서관 https://www.congress.gov/bill/115th-congress/house-bill/4625/text(2021.9.30. 최종방문).

결이 가능한 시스템, ⑤ 인식, 계획, 추론, 학습, 의사소통, 의사결정 및 행동을 통해 목표를 성취하는 지능형 소프트웨어 에이전트 및 구체화된 로봇(Robots)과 같이 합리적으로 행동하는 시스템으로 구분하고 있다.

② 범용인공지능(Artificial General Intelligence)

범용인공지능(Artificial General Intelligence)은 인지적, 정서적, 사회적 행동의 범위를 넘어서는 인간과 같은 지능적인 행동을 보이는 미래 인공지능 시스템을 의미한다.

③ 좁은 의미의 인공지능(Narrow Artificial Intelligence)

좁은 의미의 인공지능(Narrow Artificial Intelligence)은 전략적 게임, 언어번역, 자율주행 운전 수단 및 이미지 인식과 같은 특정 애플리케이션 영역을 다루는 인공지능 시스템으로 구분하고 있다.

2) 연방자문위원회

AI의 개발과 관련된 사항을 조언하기 위하여 인공지능 개발 및 실현을 위한 연방자문위원회의 설치(SEC. 4. Establishment of Federal Advisory Committee on the Development and Implementation of Artificial Intelligence)를 규정하고 있다. 자문위원회의 주요 활동 내용은 다음과 같다.

① 공공 및 민간 부문의 투자 촉진 및 AI 개발 혁신과 관련된 사항, ② AI를 연구하는 기술자를 위한 윤리 교육, ③ AI 관련 산업의 경쟁적인 국제 환경과 관련된 문제를 포함한 국제 협력, ④ AI 시스템에 의한 법률 위반 및 국제 규정의 호환성에 관한 책임을 포함하여 책임성 및 법적 권리 등에 관한 조언 등이다.

EU에서는 디지털 기술의 활용에 따른 EU 영역 내의 기반 통합과 경쟁력 강화를 위해 AI를 활용한 디지털 단일 시장(Digital Single Market) 전략을 추진해 왔다. 구체적으로는 EU의 시민과 경제에 도움을 주기 위해 기술적·윤리적·법적·사회 경제적 측면에서 AI에 대한 논의가 이루어지고 있다.

과거 AI에 관한 논의는 유럽 최대의 연구개발 지원 프로젝트인 'HORIZON 2020'[58]을 중심으로 AI 협력 선언에 대한 서명이 진행되었다. 그리고 'HORIZON 2020'에서 AI에 대한 투자를 200억 유로까지 확대하자는 의견이 나오는 등 AI 활용에 대한 기대와 요구가 커지고 있다.

그 결과 EU 전체의 정책 가운데 연구개발 지원 프로젝트인 'HORIZON Europe 전략계획(2021–2024)'에서도 AI는 하나의 중점 주제로 자리를 잡게 되었다.

지금까지는 각 가입국이 독자적으로 AI 전략을 입안하고 대처해 왔지만, 앞으로는 EU 전체가 공동으로 AI의 사회적 실현을 위해 다양한 정책 개발과 과제 수행에 대응할 것으로 보인다.

1. 가입국의 협력 선언

2018년 4월 협력 선언에 대한 EU 가입국의 서명이 이루어졌다. 협력 선언에서는 AI의 사회적 실천을 위해 경제·윤리·사회·법적 문

---

58) HORIZON 2020 프로젝트 https://www.h2020.md/(2021.9.30. 최종방문).

제에 대처하고, AI의 연구와 응용을 통해 EU의 경쟁력을 확보하기로 합의했다. 구체적으로는 ① 사회적 실천을 위해 노동시장의 변화에 대한 대응과 교육시스템의 현대화, ② 의료·기후변화에 대한 해결과 AI 개발 및 활용을 둘러싼 윤리적·법적 문제의 해결, ③ 경제적 실천을 위한 '유럽 AI 연구센터'를 강화하고, 유럽 전역의 R&D&I 자금조달 계획에 시너지 효과를 창출하여 AI가 경제에 미치는 영향에 대한 의견을 교환하는데 있다.[59]

2. AI 활용을 위한 제안

유럽위원회는 2018년 4월, AI 활용에 관한 대처방안을 제안했다.[60] 이 제안은 EU 가입국 지도부의 요청을 바탕으로 EU 영역 내에 있는 시민의 생활과 AI에 관한 국제 경쟁력의 향상을 목표로 한다. 구체적인 국제 경쟁력의 향상방안으로는 정부와 민간의 AI 투자 확대, AI가 미칠 사회·경제적 변화에 대한 준비 등이 있다.

한편, AI에 의한 사회변화가 진행되면 새로운 직업이 창출되는 대신에 기존 사회에서 존재하던 직업이 사라지게 될 수 있다. 이러한 사회현상은 고용 환경에 큰 변화를 줄 가능성을 내재하고 있다. 유럽위원회에서는 사회경제적 변화에 대비하여 EU 시민이 어디에서나 인간답게 살 권리를 위해 교육제도를 현대화하고 변화하는 노동시장을

---

59) DIGIBYTE, "EU Member States sign up to cooperate on Artificial Intelligence", 2018. 4. 10(https://ec.europa.eu/digital−single−market/en/news/eu−member−states−sign−cooperate−artificial−intelligence, 2021. 9.30. 최종방문).

60) European Commission Brussels, "Artificial intelligence Commission outlines a European approach to boost investment and set ethical guidelines", 2018. 4. 25(http://europa.eu/rapid/press−release_IP−18−3362_en.htm 2021.9. 30. 최종방문).

지원하는 것을 권장하고 있다. 또한 AI 기술을 갖춘 인재를 유럽으로 유치하기 위한 교육을 지원하고 기업과의 파트너십도 지원하고 있다. 유럽 사회 기금에서 전용 교육 프로그램을 설치하여 디지털 기술과 STEM(Science, Technology, Engineering, Mathematics) 능력을 향상시키고 기업가 정신과 창조성에 관한 역량을 확보할 계획이다. 그리고 EU의 예산 체계인 다년차 재정(2021년-2027년)에 AI 전문 지식을 비롯하여 고도의 디지털 기술 훈련에 대한 지원을 포함하였다.

3. 제도적 규제

(1) 윤리적 규제

1) 로봇개발자의 윤리규범

「로봇개발자의 윤리규범(Code of Ethical Conduct for Robotics Engineers)」은 로봇개발자들을 위한 윤리행동 수칙이다. 다만 강제력이 없는 임의 규범에 불과하여 일반적인 원칙 또는 가이드라인을 제시하지 못하는 한계가 있다. 윤리규범의 구체적인 12개 항목은 다음과 같다.

① 로봇은 인간의 이익을 위해서 행동해야 한다는 유익성(Beneficence), ② 로봇이 인간에게 위해를 가해서는 안된다는 무해성(Non-Maleficence), ③ 충분한 정보를 바탕으로 인간이 임의로 판단할 수 있도록 하는 자율성(Autonomy), ④ 간호 로봇 등을 공평하게 누릴 수 있는 정의(Justice), ⑤ 인간의 존엄과 자율성 같은 각종 권리를 항상 존중해야 한다는 기본권(Fundamental Rights), ⑥ 사회 환경을 배려해야 한다는 예방성(Precaution), ⑦ 모든 이해관계자의 의사결정과정에 참여를 독려하는 포섭성(Inclusiveness), ⑧ 현재와 미래 세대에 대한 사회적·환경적·신체적 영향에 대한 책임성(Accountability), ⑨ 인

간의 신체에 대해 건강할 권리를 존중해야 한다는 안전성(Safety), ⑩ 로봇이 안전하게 작동되도록 프로그램하고 제어 가능해야 한다는 가역성(Reversibility), ⑪ 개인정보를 안전하고 적절히 이용하는 프라이버시(Privacy), ⑫ 연구에서 보급까지 모든 단계에서 요구되는 이익의 극대화와 피해의 최소화(Maximizing Benefit and Minimizing Harm)이다.

2) 연구윤리위원회의 규범

연구윤리위원회의 규범(Code For Research Ethics Committee)은 조직이나 연구기관, 기업에서 로봇개발자의 윤리규범을 실현해 나가기 위한 거버넌스상의 지침이다. 연구윤리위원회 규범의 6개 항목은 다음과 같다. ① 윤리심사 프로세스를 연구 자체와 분리해야 하는 독립성(Independence), ② 윤리심사 프로세스는 전문가에 따라야 한다는 능력(Competence), ③ 심사 프로세스의 투명성과 설명책임(Transparency and Accountability), ④ 조직 내의 모든 연구를 대상으로 하면서 이해관계자의 존엄이나 정당한 이익을 고려하여 적절한 판단을 해야 한다는 연구윤리위원회의 역할(The Role of a Research Ethics Committee), ⑤ 전문지식을 가지고 있고 균형 있는 구성원으로 이루어진 연구윤리위원회의 구성(The Constitution of a Research Ethics Committee), ⑥ 승인 후에도 프로세스를 확립하며 지속적으로 감독해야 한다는 감시(Monitoring)가 있다.

(2) 제도적 규제

1) 로봇공학(Robotics)에 관한 규칙

① 개요
'RoboLaw 프로젝트'61)의 성과 등을 근거로 하여 2015년 1월 유럽의회의 법무위원회에 '로봇공학(Robotics)과 AI에 관한 워킹 그룹'이 설치되었다.[62] 2016년 6월에는 워킹 그룹에 이바지하도록 유럽의회 조사국의 과학기술 선택평가 위원회(Science and Technology Options Assessment) 사무국에서 로봇의 발전으로 예상되는 위험성을 분석한 보고서를 공개했다.[63]

이것을 바탕으로 2017년 1월 법무위원회는 '로봇공학(Robotics)에 대한 민사법적 규칙에 관한 유럽위원회 제언(Report with Recommendations to the Commission on Civil Law Rules on Robotics)'을 보고서로 작성하였다.[64] 보고서에는 AI와 로봇 관련 사업을 진행하기 위해서는 법적 안정성이 담보되어야 하고 안전성 확보를 위해서 EU 내에 통일된 민사법적 규칙의 도입 필요성을 제시하고 있다.

구체적으로 자율형 스마트 로봇 등의 정의와 분류의 검토, 윤리 원칙의 확립, 자율형 로봇의 책임귀속의 명확화, 자율주행자동차에 대한 강제보험, 로봇 등록제도, 로봇의 기술적·윤리적·법적 문제에 대해 조언할 전문기관의 설립 등이 포함되어 있다.[65]

나아가 자율형 로봇의 일부에 전자인(Electronic Person) 등 주체성 인정의 가능성을 언급하고 있으나 전자법인의 구체적 기준·범위 등에 대해서는 언급하고 있지 않다.[66]

---

61) 유럽 로봇법 프로젝트 http://www.robolaw.eu/projectdetails.htm(2021.9.30. 최종방문).

62) 유럽의회 http://www.europarl.europa.eu/committees/en/juri/subject–files. htm1?id=20150504CDT00301(2021.9.30. 최종방문).

63) http://www.europarl.europa.eu/RegData/etudes/STUD/2016/563501/EPRS_ STU%282016%29563501_EN.pdf.

64) 유럽의회 http://www.europarl.europa.eu/doceo/document/A–8–2017–0005_ EN.html? redirect(2021.9.30. 최종방문).

65) 장민선, 인공지능(AI)시대의 법적 쟁점에 관한 연구, 한국법제연구원, 2018, pp.72–73.

66) 김성호, "인공지능과 불법행위책임 – 유럽의회 결의안을 중심으로–", 최신 외국 입법정보 제79호, 국회도서관 법률정보실, 2018, p.31.

② 설계자와 이용자의 자격요건

설계자의 라이선스(Licence for Designers)는 로봇 개발자의 윤리 규범을 라이선스 형식으로 적용하는 것으로 긴급시에 로봇 기능을 정지시키는 '킬스위치(Kill Switch)'의 도입도 포함되어 있다. 로봇 개발자의 윤리 규범의 변주로 이용자의 라이선스(Licence for Users)는 설계자의 라이선스(Licence for Designers)와 함께 모델로서 모형을 제시하고 있다.

그리고 데이터 주체의 명시적인 동의가 없는 한 개인정보를 수집하고 이용하는 것이 허용되지 않고 로봇을 개조해 무기로 사용하는 것도 금지하고 있다.

③ 로봇공학 헌장(Charter on Robotics)

로봇공학 헌장(Charter on Robotics)은 개발자를 대상으로 한 윤리 행위에 관한 규범으로 산·관·학을 불문하고 이를 제정하려는 움직임이 국제적으로 활성화되고 있다. EU 내에서도 2016년 4월에 영국표준협회(British Standards Institution)의 로봇윤리와 로봇 응용(BS 8611 Ethics design and application robots)[67]이, 영국 하원의 과학기술 위원회(Science and Technology Committee)의 로봇공학과 AI의 사회적·윤리적인 법적 문제를 다룬 보고서(House of Commons Science and Technology Committee, Robotics and Artificial Intelliegence, Fifth Report of Session 2016−17)[68]가 공개되었다.

한편, 로봇에 대한 일정한 규제의 필요성이 인정되더라도 지침이나 원칙 수립은 실제 사례에서는 뒷받침되지 않아 비효율적일 수 있

---

67) https://www.bsigroup.com/en−GB/about−bsi/media−centre/press−releases/ 2016/april/−Standard−highlighting−the−ethical−hazards−of−robots−is −published/(2021.9.30 최종방문).
68) https://publications.parliament.uk/pa/cm201617/cmselect/cmsctech/145/145. pdf.

다는 비판도 제기되고 있다. 물론 로봇의 개발과 이용에 대해 현행법을 적용할 때 당장 추상적인 원칙을 검토하기보다는 개별법을 개정하거나 새로운 입법을 제정하는 등으로 문제를 해결하는 방법도 생각해 볼 수 있다.

그러나 로봇이 이용되고 응용되는 분야가 다양하므로 즉흥적인 규칙의 제정은 전체적으로 통일성 없는 제도를 난발할 우려가 있고, 개발자와 이용자에게 혼란과 불공평함을 초래할 수 있다. 이를 배제하기 위해서는 다양한 로봇의 이용시 통일된 시각을 갖는 것이 바람직할 것이다.

여기에서 소개된 규범 중 대다수가 「민사소송법」이나 「형사소송법」과 같은 절차법(Procedural Law)으로서 「민법」이나 「형법」과 같은 실체법(Substantive Law)에 대해 부속적인 위치를 차지하고 있는 것처럼 보이지만, 내용이 형식을 규정하는 것과 동시에 형식이 내용을 규정하고 있어서 양자를 병행하여 검토해야 한다.

2) 로봇공학(Robotics) 규제의 가이드라인

① 개요

RoboLow Project는 2012년부터 유럽위원회의 재정적 지원을 바탕으로 로봇공학(Robotics)과 법의 다양한 측면을 고려하여 진행된 종합적인 연구이다. 나아가 신기술의 혁신으로 발생하는 문제점과 현재 규칙의 적용 가능성 및 한계를 확인하여 대응 가능한 방안을 만들기 위해 로봇과 법에 관해 조사를 진행했다.[69]

RoboLow Project의 성과로 로봇공학 규제에 관한 가이드라인 (Guidelines on Regulating Robotics)이 2014년 9월에 발표되었다.[70] 로

---

69) RoboLaw‒Regulating Emerging Robotic Technologies in Europe: Robotics facing Law and Ethics‒(http://www.robolaw.eu/projectdetails.htm(2021.9. 30. 최종방문).

봇공학 규제에 관한 가이드라인(Guidelines on Regulating Robotics)에서는 수술지원 시스템, 간호 로봇, 자율주행자동차 등 각 분야별로[71] 과제를 구분하여 로봇과 법의 관계에 관한 기본적인 사고방식과 정책적 방향을 제시하고 있다.

② 로봇에 관한 규제의 필요성

가이드라인의 모두(冒頭)에서 로봇에 관한 규제의 필요성에 대해 엄격한 규제는 기술혁신을 저해할 우려가 있는데, 이와 반대로 규제의 불명확성과 책임소재의 불분명 또한 기술혁신을 저해할 수 있다고 역설하고 있다. 예를 들면, 자율주행자동차의 자동운전이나 운전지원 시스템 등의 새로운 기술에 대해서 개발자나 이용자가 어떤 법률적인 책임을 부담하느냐에 대해서 충분한 검토가 이루어지지 않아 책임의 소재나 한계가 명확하지 않다.

이러한 결과로 과도하게 안전 확인을 하게 되고 새로운 기술의 시장 도입이 늦어지는 등의 '위축효과(Chilling Effect)'가 우려된다. 즉 새로운 기술이 사회에 등장할 때 그것이 권리·이익을 침해한다는 평가를 받게 되거나 누구에게 어떤 책임이 귀속될지가 애매하고 불명확하면 거래비용이 증가하고 거래 주체가 예측할 수 없는 불이익을 받게 되는 문제가 발생한다. 또한 과잉 규제와 과소 규제 모두 신뢰할 수 있는 법적 환경이 갖춰지지 않았다는 의미에서 위험성의 요인이 된다.

기술은 혁신적일수록 기존의 틀과 관행을 벗어나기 쉽지만 법률가들의 긍정적인 평가를 받기는 어렵다. 따라서 법적 분석을 진행하여 부정적인 평가와 긍정적인 평가를 도출해 내어야 한다. 예를 들면,

---

70) 로봇공학 규제에 관한 가이드라인 http://www.robolaw.eu/RoboLaw_files/documents/robolaw_d6.2_guidelinesregulatingrobotics_20140922.pdf.
71) 이원태, "유럽연합(EU)의 로봇법(RoboLaw) 프로젝트", KISO JOURNAL Vol. 23, 한국인터넷자율정책기구, 2016, p.29.

자율주행자동차의 안전성에 대해서 사전에 공적인 논의와 사회적인 합의가 형성된다면 시장에 자율주행시스템을 도입하는 시기가 빨라진다.

③ 산업정책과 규범과의 조화

로봇공학 규제에 관한 가이드라인에서는 정의·평등·자유·안전 등 규범과의 조화를 시도하고 있다. 유럽 시장에서 로봇은 중요한 분야이지만, 노동시장·소득분배 등에 변동을 초래하고 사회구조를 변화시킬 가능성도 존재한다.

따라서 로봇산업의 발전이 위축되지 않도록 산업정책과 규범적인 정책을 적절하게 혼용할 필요성을 본 가이드라인은 제시하고 있다. 대표적으로 엔핸스먼트(Enhancement) 기술에 대한 검토의 필요성을 제기한다.

엔핸스먼트(Enhancement)는 개인 능력을 개선하고 확장하는 것을 목적으로 기술을 이용하여 인체를 변형하는 것이다. 이것은 장애인의 기능을 돕기 위하여 로봇공학을 활용한 의수, 의족, 장구, 강화슈트 등에 주로 이용되고 있지만, 비장애인에게 새로운 기능을 제공하는 것도 가능하다. 엔핸스먼트(Enhancement) 기술에 대해 가이드라인은 장애인의 생활의 질 향상을 위해 연구개발을 적극적으로 추진해야 한다고 하고 있다. 나아가 장애인 권리조약을 근거로 EU의 의무라고 강조하며 엔핸스먼트(Enhancement)의 잠재적 시장의 개척은 유럽에 큰 이익을 가져다 줄 것으로 분석하고 있다.

그러나 다른 면에서 엔핸스먼트(Enhancement)가 초래하는 위험성을 고려하여 윤리적·법적인 관점에서 인폼드컨센트(Informed Consent)의 개념[72])을 도입할 필요성도 제기되었다. 인폼드컨센트(Informed Consent)

---

72) 「생명윤리 및 안전에 관한 법률」 제3조(기본 원칙)
　　① 이 법에서 규율하는 행위들은 인간의 존엄과 가치를 침해하는 방식으로 하여서는 아니 되며, 연구대상자 등의 인권과 복지는 우선적으로 고려되어야

는 의료분야에서 수술동의서 작성 시 의사의 충분한 설명과 「헌법」상 보장된 자기결정권에 의한 환자의 동의를 의미하는 것이다.

다만, 인간의 존엄과 자기 결정의 자유 및 예방원칙 등의 해석으로부터 허용되는 엔핸스먼트(Enhancement)와 그렇지 않은 것을 구별할 기준이나 비장애인에게 새로운 기능을 제공하는 것에 문제가 없는지에 대한 판단을 하는데 필요한 지침을 도출하는 것이 어려울 수 있다. 따라서 EU 의료기기 지침 등 기술적인 안전기준뿐만 아니라 공개토론이나 전문가의 연구를 바탕으로 한 윤리적·법적 지침도 마련해야 한다.

한다.
② 연구대상자 등의 자율성은 존중되어야 하며, 연구대상자 등의 자발적인 동의는 충분한 정보에 근거하여야 한다.
③ 연구대상자 등의 사생활은 보호되어야 하며, 사생활을 침해할 수 있는 개인정보는 당사자가 동의하거나 법률에 특별한 규정이 있는 경우를 제외하고는 비밀로서 보호되어야 한다.
④ 연구대상자 등의 안전은 충분히 고려되어야 하며, 위험은 최소화되어야 한다.
⑤ 취약한 환경에 있는 개인이나 집단은 특별히 보호되어야 한다.
⑥ 생명윤리와 안전을 확보하기 위하여 필요한 국제 협력을 모색하여야 하고, 보편적인 국제기준을 수용하기 위하여 노력하여야 한다.

참고문헌

[국문]

가정준, 영미법상 법인의 권리능력과 행위능력에 대한 고찰-Ultra Vires
　　Doctrine을 중심으로-, 민사법학 제48권, 한국민사법학회 (2010).
강명신, 이중효과원리와 트롤리 사례 실험: 선의 추구에 대한 의무론적
　　제약, 윤리학 제3권 제1호, 한국윤리학회 (2014).
강수경, 동물윤리의 토대에서 동물을 위한 정당방위와 긴급피난의 적용가
　　능성-독일에서의 논의를 중심으로-, 고려법학 제91호, 고려대학교
　　법학연구원 (2018).
강철, 오직 수단으로만 대우하는 것은 그른가: 오직-수단 원칙과 트롤리
　　문제를 중심으로, 철학연구 제110집, 철학연구회 (2015).
고봉진, 사회계약론의 역사적 의의-홉스, 로크, 루소의 사회계약론 비교
　　-, 법과정책 제20권 제1호, 제주대학교 법과정책연구소 (2014).
과학기술정보통신부, Korea 4.0 실현을 위한 인공지능(AI) R&D 전략
　　(2018).
과학기술정보통신부·정보통신기술진흥센터, 지능형 자동차 보안 위협 및
　　대응방안 보고서 (2017).
과학기술정보통신부·한국과학기술기획평가원(KISTEP), 소셜 로봇의 미래
　　(2019년 기술영향평가 결과), 동진문화사 (2020).
권경휘, 법에 있어서 책임의 개념과 그 전제조건, 인간연구 제33호, 가톨
　　릭대학교(성심교정) 인간학연구소 (2017).
권기창·배귀희, 과학기술정책의 거버넌스 변화, 한국정책과학학회보 제10
　　권 제3호, 한국정책과학학회 (2006).
권영법, 형법상 행위론에 대한 비판적인 고찰-종래의 행위론에 대한 검

토와 통합적 행위론의 제안을 중심으로−, 저스티스 통권 제138호, 한국법학원 (2013).

권영준, 불법행위의 과실 판단과 사회평균인, 비교사법 제22권 제1호, 한국비교사법학회 (2015).

김경석, 자율주행자동차의 운행에 관한 법적 대응방안 연구, 홍익대학교 일반대학원 박사학위논문 (2018).

김광연, 인공지능(AI) 및 사이버휴먼 시대의 윤리적 논쟁과 규범윤리의 요청, 인문학연구 제111권, 충남대학교 인문과학연구소 (2018).

김동현, 미 국방연구원 '설명가능 한 인공지능(XAI)'(Explainable Artificial Intelligence by DARPA), 한국정보화진흥원 (2018).

김명훈·오명진·이재홍, 전자기록 장기보존 전략으로서의 에뮬레이션 사례 분석, 기록학연구 제38권, 한국기록학회 (2013).

김문구·박종현, AI 기반 감성증강 10대 유망 서비스 탐색, Insight Report 2018−13, 한국전자통신연구원 미래전략연구소 기술경제연구본부 (2018).

김문구·박종현, 인공지능과 신뢰(Trust): 이슈 및 대응방안, Insight Report, 기술경제연구본부 기술경제연구·산업전략연구그룹 (2017).

김민우, 지능정보사회에서의 인공지능의 현안과 입법 과제, 공법학연구 제21권 제2호, 한국비교공법학회 (2020).

김상배, 미래전의 진화와 국제정치의 변환: 자율무기체계의 복합지정학, 국방연구 제62권 제3호, 국방대학교 국가안전보장문제연구소 (2019).

김선이, 무인항공기의 사생활 침해에 관한 법적 고찰, 동아법학 제65호, 동아대학교 법학연구소 (2014).

김성호, 인공지능과 불법행위책임−유럽의회 결의안을 중심으로−, 최신 외국입법정보 제79호, 국회도서관 법률정보실 (2018).

김용균, The Next Big Thing, 서비스 로봇 동향과 시사점, 정보통신기술진흥센터 (2017).

김윤명, 제4차 산업의 선구적 법률−지능형 로봇 개발 보급 촉진법, 주간기술동향 제1780호, 정보통신기술진흥센터 (2017).

김윤정, 인공지능 기술발전에 따른 이슈 및 대응 방안, KISTEP Issue Weekly 2018−34, 한국과학기술기획평가원 (2018).

김윤희·박준경·박형돈, 글로벌 로봇산업 시장동향 및 진출방안, Global Market Report, KOTRA (2018).

김인중, Deep Learning: 기계학습의 새로운 트렌드, 한국정보통신학회지 제31권 제11호, 한국통신학회 (2014).

김자회·장신·주성구, 자율 로봇의 잠재적 무기화에 대한 소고 - 개념 정립을 통한 규제를 중심으로 -, 입법과 정책 제9권 제3호, 국회입법조사처 (2017).

김잔디, 위험운전에 대한 입법적 대응: 일본과의 비교검토를 중심으로, 형사정책연구 제27권 제3호, 한국형사법무정책연구원 (2016).

김종기·김종학·김홍석, 커뮤니케이션 기법을 활용한 도로 안전성 향상방안에 관한 연구, 국토연구원 (2015).

김종호, 인공지능 로봇의 출연으로 인한 법적 논란에 관한 영역별 쟁점의 고찰, 법이론실무연구 제6권 제2호, 한국법이론실무학회 (2018).

김준호, 민법강의(제21판) - 이론·사례·판례 -, 법문사 (2015).

김홍균, 환경법상 사전배려원칙의 적용과 한계, 저스티스 통권 제119호, 한국법학원 (2010).

나영식·조재혁, 인공지능(SW), KISTEP 기술동향브리프 2018 - 16호, 한국과학기술기획평가원 (2018).

남기호, 독일 고전철학의 자연법(Naturrecht) 개념: 그 문자적 어원과 국가 이론의 기초 기능, 사회이론 제54호, 한국사회이론학회 (2018).

롤랜드버거(김정희·조원영 옮김), 4차산업혁명 - 이미 와 있는 미래 -, 다산북스 (2018).

박광민·백민제, 인공지능 로봇의 범죄주체성과 형사책임의 귀속, 법학연구 제20집 제4호, 인하대학교 법학연구소 (2017).

박균성, 과학기술위험에 대한 사전배려원칙의 적용에 관한 연구, 행정법연구 제21호, 행정법이론실무학회 (2008).

박성원·최종화·진설아, 트랜스휴머니즘 부상에 따른 사회변화와 과학기술 정책이슈 탐색, STEPI Insight 제202호, 과학기술정책연구원 (2016).

박수곤, 자율적 지능 로봇의 볍적 지위에 대한 소고, 법학논총 제31권 제2호, 국민대학교 법학연구소 (2018).

박은정, 자유의지와 뇌과학: 상호 인정 투쟁, 법철학연구 제18권 제2호, 한국법철학회 (2015).

박정기, 동물의 법적 지위에 관한 연구, 법학연구 제51권 제3호, 부산대학교 법학연구소 (2010).

박종원·유재영·이준영, 2014 KISTI 미래유망기술 10선: 생체모방로봇, 한국과학기술정보연구원 (2015).

박준혁, 미국의 제3차 상쇄전략-추진동향, 한반도 영향전망과 적용방안-, 국가전략 2017년 제23권 2호, 세종연구소 (2017).

방준성·박원주·윤상연, 지능형 치안 서비스 기술동향, 전자통신동향분석 제34권 제1호, 한국전자통신연구원 (2019).

백병성·송민수·이광진, 소비자의 개념 확대에 관한 연구, 소비자보호원 (2011).

백종현, 인간 개념의 혼란과 포스트휴머니즘 문제, 철학사상 제58권, 서울대학교 철학사상연구소 (2015).

산업자원부·정보통신부, 지능형로봇산업 비전 및 발전전략 (2005).

서정범(역), 유형화(類型化)에 기초한 경찰 조치를 통한 위험방지 VS. 인종 프로파일링(Racial Profiling)을 통한 위험방지-2016/2017 질베스터 밤(Silvesternacht)에 쾰른(Köln)에서의 경력(警力)투입을 둘러싼 논쟁-, 안암법학 제55권, 안암법학회 (2018).

서희석, 우리나라 소비자법제의 발전과정과 그 특징-한국형 입법모델의 제시를 위한 서론적 고찰-, 소비자문제연구 제42호, 한국소비자원 (2012).

성중모, 근대 유럽법사에 있어서 이성의 발전, 서울법학 제22권 제2호, 서울시립대학교 법학연구소 (2014).

손성은·손상현·이원태 외, ICT기반 사회현안 해결방안 연구, 정보통신정책연구원, 미래과학창조부 (2017).

손지영, 행위의 목적 지향성(Sinn-Intentionalität) 개념에 대한 인지과학적 관점: 인지적 행위론을 위한 W. Kargl의 분석을 중심으로, 형사정책연구 제21권 제2호, 한국형사정책연구원 (2010).

송기복·이제광, AI의 상용화와 개인정보 보호에 관한 논의, 한국경호경비학회지 제65호, 한국경호경비학회 (2020).

송덕수, 신민법 강의(제4판), 박영사 (2011).

송시섭, 뇌과학에 기초한 형벌이론의 새로운 가능성, 법학논총 제33권 제3호, 국민대학교 법학연구소 (2021).

신동일, 과실범 이론의 역사와 발전에 대하여-형법 제14조의 구조적 해석-, 강원법학 제44권, 강원대학교 비교법학연구소 (2015).

심현보, 커넥티드 카의 기술, 한국정보통신학회논문지 제20권 제3호, 한국정보통신학회 (2016).

양종모, 형사사법절차 전자화와 빅 데이터를 이용한 양형합리화 방안 모색, 홍익법학 제17권 제1호, 홍익대학교 법학연구소 (2016).

엄주희, 뇌신경윤리에 관한 법제 연구, 법제논단, 법제처 (2018).

오세욱, 기계가 드러내는 편향, '이루다'만 문제였을까?, KISO JOURNAL 제42호, 한국인터넷자율정책기구 (2021).

오수웅, 홉스와 로크의 자연권, 자연법 개념 비교연구: 리바이던과 통치론을 중심으로, 인권법평론 제1호, 전남대학교 공익인권법센터 (2007).

오수훈·석진영, 진화로봇공학 기반의 복수 무인기를 이용한 영역 탐색, 한국항공우주학회지 제37권 제4호, 한국항공우주학회 (2010).

오요한·홍성욱, 인공지능(AI) 알고리즘은 사람을 차별하는가?, 과학기술학연구 제18권 제3호, 한국과학기술학회 (2018).

윤영석, 인공지능로봇에 관한 형사법적 연구, 서울대학교 대학원 법학박사 학위논문 (2018).

윤지영·김한균·감동근·김성돈, 법과학을 적용한 형사사법의 선진화 방안(Ⅷ): 인공지능기술, 한국형사정책연구원 (2017).

윤태승, 설명 가능한 AI 기술을 포함한 인공지능의 IP‒R&D 전략, 주간기술동향 제1865호, 정보통신기술진흥센터 (2018).

윤해성·전현숙·양천수 외, 범죄 빅데이터를 활용한 범죄예방시스템 구축을 위한 예비 연구(Ⅰ), 한국형사정책연구원 (2014).

이규호, AI로봇의 형사법적 지위, 법학연구 제20권 제1호, 한국법학회 (2020).

이규호, 證人訊問, 사법행정 제54권 제7호, 한국사법행정학회 (2013).

이대현·김유정, 일본 원전정책 관련 공론화 사례와 시사점, World Nuclear Power Market Insight, 에너지 경제연구원 (2017).

이병주·김경훈, 수술로봇 기술동향과 산업전망, PD ISSUE REPORT NOVEMBER 2017 제17권 제3호, 한국산업기술평가관리원 (2017).

이상돈·정채연, 자율주행자동차의 윤리화의 과제와 전망, IT와 법 연구 제15집, 경북대학교 IT와 법 연구소 (2017).

이상수, 4차 산업혁명 시대, 소프트웨어의 제조물책임 입법, 제4차 산업혁명과 소프트파워 이슈리포트 2017‒제16호, 정보통신산업진흥원 (2017).

이상훈, 혈액 속의 병원체와 독소를 제거하는 새로운 나노로봇, 기계저널 제57권 제11호, 대한기계학회 (2018).

이수정·윤옥경, 범죄위험성의 평가와 활용방안, 한국심리학회지 제22권 제2호, 한국심리학회 (2003).

이승민, 자율주행자동차 최근 동향 및 시사점, 주간기술동향 제1842호, 정보통신기술진흥센터 (2018).

이승신 외, 소비자피해 유형 분석, 피해구제제도 연구, 공정거래위원회 연구용역 보고서, 공정거래위원회 (2000).

이승준, 자율주행자동차 사고 시 '형사책임에 따른 자율주행자동차의 운행과 책임에 관한 법률안' 시도, 법제연구 제53호, 법제연구원 (2017).

이승진·박희주, 소비자 기만행위 규제방안 연구, 정책연구 제18권 제3호, 한국소비자원 (2018).

이용식, 과실범이론의 변화에 관하여-과실의 개념내용-, 서울대학교 법학 제44권 제2호, 서울대학교 법학연구소 (2003).

이원태, 유럽연합(EU)의 로봇법(RoboLaw) 프로젝트, KISO JOURNAL 제23권, 한국인터넷자율정책기구 (2016).

이윤영, 빌리에 드 릴아당의 「미래의 이브」와 영화적 환영의 존재론, 프랑스문화예술연구 제62집, 프랑스문화예술학회 (2017).

이인곤·강철하, 인공지능 로봇의 형사법이론 체계에 관한 일고-범죄능력 형사책임능력을 중심으로-, 법학연구 제71권, 한국법학회 (2018).

이인영, 인공지능 로봇에 관한 형사책임과 책임주의-유기천 교수의 법인의 행위주체이론과 관련하여-, 홍익법학 제18권 제2호, 홍익대학교 법학연구소 (2017).

이재상, 형법총론(제7판), 박영사 (2011).

이정환·민경식, 인간배아복제 연구에 관한 헌법학적 고찰, 법학논문집 제38집 제1호, 중앙대학교 법학연구원 (2014).

이종관, 포스트휴먼이 온다-인공지능과 인간의 미래에 관한 철학적 성찰, 사월의 책 (2017).

이주석, 도덕직관에 관한 윤리적 해명 가능성-트롤리 딜레마의 경우-, 철학논총 제90집 제4권, 새한철학회 (2017).

임경숙, 인공지능에 관한 법적 규율방안: -인공지능 알고리즘과 빅데이터의 법적규율을 중심으로-, 한양대학교 법학전문대학원 박사학위논문 (2019).

임석순, 형법상 인공지능의 책임귀속, 형사정책연구 제27권 제4호, 한국형사정책연구원 (2016).

장민선, 인공지능(AI)시대의 법적 쟁점에 관한 연구, 한국법제연구원 (2018).

장수현, 진화알고리즘을 사용한 다목적 최적화에 관한 연구, 명지대학교 대학원 박사학위 논문 (2004).

장필성·백서인·최병삼, 자율주행차 사업화의 쟁점과 정책 과제, 동향과 이슈 제49호, 과학기술정책연구원 (2018).

점승헌, 환경형법에서의 고의와 과실, 원광법학 제22권 제2호, 원광대학교 법학연구소 (2006).

정보통신부, U−KOREA v2.0−국민소득 2만불로 가는 길IT839 전략− (2007).

정상원, 국내의 휴머노이드 로봇, 전자공학회지 제42권 제12호, 대한전자공학회 (2015).

정상조, 인공지능에게 미래를 묻다, 사회평론 (2021).

정신교, 刑法上 許容된 危險의 體系的 地位, 법학연구 제28호, 한국법학회 (2007).

정용기·송기복, 인공지능(AI)의 발전과 형사사법의 주요논점, 한국경찰연구 제18권 제2호, 한국경찰연구학회 (2019).

정용기·송기복, 자율주행자동차와 긴급피난의 문제에 관한 논의, 안보형사법연구 제2권 제1호, 한국안보형사법학회 (2018).

정진명·이상용, 인공지능 사회를 대비한 민사법적 과제 연구, 한국민사법학회 (2017).

정혜정·한종우 외, 인공지능 학습 알고리즘의 동향, TTA저널 제187호, 한국정보통신기술협회 (2020).

주현경, 형법적 관점에서 바라본 동물학대, 환경법과 정책 제19권, 강원대학교 비교법학연구소 (2017).

지원림, 민법강의(제9판), 홍문사 (2011).

추형석, 범용 인공지능의 개념과 연구 현황, SPRi 이슈리포트 제2018−002호, 소프트웨어정책연구소 (2018).

탁희성·김일수, 뇌과학의 발전과 형법적 패러다임 전환에 관한 연구(Ⅰ)−뇌과학과 형법의 접점에 관한 예비적 고찰−, 한국형사정책연구원 연구총서, 한국형사정책연구원 (2012).

한국과학기술정보통신부·교육부·산업통상자원부·보건복지부, 뇌연구혁신

2030: 제3차 뇌연구촉진 기본계획 (2018).

한국정보통신기술협회, ICT 표준화전략맵 Ver. 2019 요약보고서 (2018).

한국정보화진흥원, 인공지능 악용에 따른 위협과 대응 방안 (2018).

한국정보화진흥원·지능정보사회 법제도 포럼, 지능정보사회의 법제도 정립방안 (2017).

한영순, 커넥티드 카 서비스 정보 가치네트워크와 시장 참여자 관계 연구, 연세대학교 정보대학원 박사학위 논문 (2015).

한희원, 인공지능(AI)법과 공존윤리, 박영사 (2018).

허일태, 형법에서 의사의 자유와 책임, 법학연구 제64권, 전북대학교 법학연구소 (2020).

홍서운, 인공지능 알고리즘과 차별, 과학기술정책연구원 (2018).

홍석태, IT기술의 발달과 법조시장 방향성의 탐색, 법학연구 제16권 제3호, 한국법학회 (2016).

홍영기, 반대신문권 보장: 전문법칙의 근거, 고려법학 제75호, 고려대학교 법학연구원 (2014).

홍태석, IT기술의 발달과 법조시장 방향성의 탐색, 법학연구 제16권 제3호, 한국법학회 (2016).

황의관, 로봇기본법제와 소비자 문제에 관한 연구-로봇기본법안의 검토를 중심으로-, 가천법학 제10권 제4호, 가천대학교 법학연구소 (2017).

[영문]

Adam J. Andreotta,, The hard problem of AI rights, AI&SOCIETY Vol. 36 (2021).

Against Humanity of Apartheid in a Post- Apartheid World, Oslo Law Review, Iss 2 (2015).

AI is better at diagnosing cancer than humans, according to research than humans at diagnosing cancer. Nature Vol. 577 (2020).

'Artificial Intelligence "Boy" Shibuya Mirai Becomes World's First AI Bot to Be Granted Residency' Newsweek, 6 No (2017).

A. Waytz, J. Heafner and N. Epley: The mind in the machine:

Anthropomorphism increases trust in an autonomous vehicle, Journal of Experimental Social Psychology, Vol. 52 (2014).

Barfield W., The Law of Looks and Artificial Bodies. In: Cyber—Humans. Copernicus, Cham (2015).

Barfield W., The Technological Future. In: Cyber—Humans. Copernicus, Cham (2005).

Bell, J. J., Explore the "singularity". The Futurist, 37 (2003).

Ben Kehoe, A Survey Of Research On Cloud Robotics And Automation, Ieee Transactions On Automation Science And Engineering, Vol. 12, No. 2 (2015).

Bonnie Holte Bennett, Robot: Mere Machineto Transcendent Mind A Review, AI Magazine Vol. 20 No 3 (1999).

Bostrom, N., Human genetic enhancements: A transhumanist perspective, Journal of Value Inquiry, 37(4) (2003).

Bostrom, N., & Yudkowsky, E., The ethics of artificial intelligence. In The Cambridge Handbook of Artificial Intelligence, Cambridge University Press (2014).

Bostrom, N., 2014, Superintelligence: Paths, dangers, strategies, Oxford University Press: Oxford (2014).

Bradan T. Thomas. Comment. Autonomous Weapon Systems: The Anatomy of Autonomy and the Legality of Lethality. 37 Hous. J. INT'L. L. 235 (2015).

Bruce G. Buchanan and Edward H., Shortliffe, Rule—Based Expert Systems: The MYCIN Experiments of the Stanford Heuristic Programming Project, Addison—Wesley (1984).

CCW/GGE, Report of the 2018 session of the Group of Governmental Experts on Emerging Technologies in the Area of Lethal Autonomous Weapons Systems (2018).

Christopher P. Toscano, Friend of Humans: An Argument for Developing Autonomous Weapons Systems, 8. J. NAT'L SECURITY L. & POL'y 189 (2015).

Chris Jenks, False Rubicons, Moral Panic, & Conceptual Cul—De—Sacs: Critiquing & Reframing the Call to Ban Lethal Autonomous

Weapons, 44 Pepp. L. Rev. Iss 1 (2016).

Colombo, R. J., EXPOSING THE MYTH OF HOMO ECONOMICUS, Harvard Journal of Law and Public Policy, 32(2) (2009).

Communication From The Commission To The European Parliament, The European Council, The Council, The European Economic And Social Committee And The Committee Of The Regions Artificial Intelligence For Europe {Swd(2018) 137 Final}, European Commission (2018).

Congressional Research Service, Artificial Intelligence and National Security (2020).

Constitution of the Republic of Ecuador 2008 (Ecuador) art 10 (2008).

Cordeiro J.L., The Boundaries of the Human: From Humanism to Transhumanism. In: Lee N. (eds) The Transhumanism Handbook. Springer, Cham (2019).

Dan Terzian. The Right Bear(Robotic) arms, 117 PENN. ST. L. REV. 755 (2013).

David Allen Larson, Artificial Intelligence: Robots, Avatars, and the Demise of the Human Mediator, 25 Ohio State Journal on Dispute Resolution 105 (2010).

David C. Vladeck, Machines without Principals: Liability Rules and Artificial Intelligence, 89 WASH. L. REV. 117. 122 & n.17 (2014).

David Rotmanarchive page, We're not prepared for the end of Moore's Law — It has fueled prosperity of the last 50 years. But the end is now in sight—, MIT Technology Review (2020).

David S. Almeling, Patenting Nanotechnology: Problems with the Utility Requirement, 2004 Stan. Tech. L. Rev. Pl. P17 (2004).

Dewey, John. The Historic Background of Corporate Legal Personality, The Yale Law Journal, vol. 35, no. 6 (1926).

Dinusha Mendis, 3D printing of body parts is coming fast — but regulations are not ready (2020).

European Parliament, European Parliament resolution of 16 February 2017 with recommendations to the Commission on Civil Law Rules on Robotics (2015/2103(INL) (2017).

European Parliament Resolution with Recommendations to the Commission on Civil Law Rules on Robotics (2015/2103(INL)) (European Parliament, 16 February 2017) para 59(f) (2017).

Executive Office of the President Big Data: A Report on Algorithmic Systems, Opportunity, and Civil Rights (2016).

Ftc Report, Big Data: A Tool for Inclusion or Exclusion? 9N. 44 (2016).

Gleasure/Weigend, Intelligente Agenten und das Strafrecht, ZStW 126(2014), 582ff (2014).

Hilgendorf, Autonomes Fahren im Dilemma. überlegungen zur moralischen und rechtlichen Behandlung von selbsttätigen Kollisionsvermeidesystemen, in: Eric Hilgendorf(Hrsg), Autonome Systeme und neue Mobilität(Robotik und Recht, Bd. 11), 2017, S. 143 ff (2017).

High−Level Expert Group On Artificial Intelligence Set Up By The European Commission, A Definition Of AI: Main Capabilities And Disciplines (2019).

Horst Eidenmueller, The Rise of Robots and the Law of Humans, Oxford Legal Studies Research Paper No. 27 (2017).

Human Rights Watch, Losing Humanity: The Case against Killer Robots 2 (2012).

Huxley, Julian., Transhumanism, Journal of Humanistic Psychology − J HUM PSYCHOL. 8 (1968)

IEEE, Ethically Aligned Design: A Vision for Prioritizing Human Well− being with Autonomous and Intelligent Systems, First Edition (2019).

JA Lara, D Lizcano, MA Martínez, J Pazos−arXiv e−prints (2019).

James R. Brindell, Nanotechnology and the Dilemmas Facing Business and Government, 83 Fla. Bar J. 73, 74 (2009).

Jay Logan Rogers, Legal judgment Day for the Rise of the Machines: A National Approach to Regulating Fully Autonomous Weapons. 56 ARIZ. L. REV. 1257 (2014).

J. H. Moor, The Nature, Importance, and Difficulty of Machine Ethics, in IEEE Intelligent Systems, Vol. 21, No. 4 (2006).

J. M. Bishop, Artificial intelligence is stupid and causal reasoning will not fix it, Frontiers in Psychology, Vol. 11 (2021).

Jimmy Y. Zhong, What Does Neuroscience Research Tell Us about Human Consciousness? An Overview of Benjamin Libet's Legacy, The Journal of Mind and Behavior Summer and Autumn 2016, Vol. 37, No 3 (2016).

King, Thomas and Aggarwal, Nikita and Taddeo, Mariarosaria and Floridi, Luciano, Artificial Intelligence Crime: An Interdisciplinary Analysis of Foreseeable Threats and Solutions (2018).

Lan Kerr & Katie Szilagyi. 13. Asleep at the Switch? How Killer Robots Become a Force Multiplier of Military Necessity. in ROBOT LAW 333. 334. 363(Ryan Calo. A. Michael Froomlkin. & Ian Kerreds) (2016).

Lolita K. Buckner Inniss, Bicentennial Man−The New Millennium Assimilationism and the Foreigner among Us, 54 RUTGERS L. REV. 1101. 1105 n.31 (2002).

Luke Muehlhauser, Anna Salamon, Intelligence Explosion: Evidence and Import Machine Intelligence Research Institute (2012).

Major Jason S. DeSon. Automating the Right Stuff? The Hidden Ramifications of Ensuring Autonomous Aerial Weapon Systems Comply with International Humanitarian Law. 72 A. F. L. REV. 85 (2015).

Mark Buchanan, The Law Of Accelerating Returns, Nature Physics Vol. 4 (2008).

Mathias Risse, Human Rights and Artificial Intelligence: An Urgently Needed Agenda Human Rights Quarterly; Baltimore Vol. 41, Iss. 1 (2019).

Melinda Baldwin, Ernest Rutherford's ambitions, Physics Today 74 (2021).

Michael N. Schmitt & Jeffrey S. Thurnher, "Out of the Loop": Autonomous Weapon Systems and the Law of Armed Conflict, 4 HARV. NAT'L SEC. J. 231 (2013).

Microsoft's Seeing AI app expands horizons for blind and low vision users (2017).

Miles Brundage, Taking superintelligence seriously Superintelligence: Paths, dangers, strategies by Nick Bostrom(Oxford University Press, 2014), Futures 72 (2015).

Naoto Yoshida and Tomoko Yonezawa. Investigating breathing expression of a stuffed−toy robot based on body−emotion model. In Proceedings of the Fourth International Conference on Human Agent Interaction (2016).

Nature, Vol. 550 (2017).

Nick Bostrom, Existential Risks−Analyzing Human Extinction Scenarios and Related Hazards−, Journal of Evolution and Technology, Vol. 9, No. 1 (2002).

N. Naffine, 'Who Are Law's Persons? From Cheshire Cats to Responsible Subjects'(2003) 66 MLR 346 (2003).

Noah Goodall, Ethical Decision Making during Automated Vehicle Crashes, 2424 Transportation Research Record 58 (2014).

Rajaraman. Vaidyeswaran, John McCarthy−Father of artificial intelligence−, Resonance Vol. 19 Issue 3, the Indian Academy of Sciences (2014).

Rebecca Crootof, The Killer Robots Are Here: Legal and Policy Implications, Cardozo Law Review, Vol. 36: 1837 (2015).

Roger C. Schank, What is AI, Anyway?, AI Magazine Vol. 8 No 4 (1987).

Rowan Taylor, A Step at a Time: New Zealands Progress Towards Hominid Rights, 7 Animal L. 35 (2001).

Rudin, C., & Radin, J., Why Are We Using Black Box Models in AI When We Don't Need To? A Lesson From An Explainable AI Competition. Harvard Data Science Review, 1(2) (2019).

Ryan Calo, Robotics and the Lessons of Cyberlaw, Cal. L. Rev. 103 (2015).

SAE International J3016, Taxonomy and Definitions for Terms Related to Driving Automation Systems for On−Road Motor Vehicle

(2016).

SAE International, Taxonomy and Definitions for Terms Related to Driving Automation Systems for On−Road Motor Vehicles 26 (2016).

S. Chesterman, 'Through a Glass, Darkly: Artificial Intelligence and the Problem of Opacity' (2021) AJCL (forthcoming) (2021).

Siddharth Khanijou, Patent Inequity?: Rethinking the Application of Strict Liability to Patent Law in the Nanotechnology Era, 12 J. Tech. L. & Pol'y 179 (2007).

S. John, Minds, brains, and programs, Behavioral and Brain Sciences, Vol. 3, No. 3 (1980).

Stephen Hawking warns artificial intelligence could end mankind, By Rory Cellan−Jones, 2 December (2014).

Steven M. Bellovin · Renée M. Hutchins · Tony Jebara · Sebastian Zimmeck, When Enough is Enough: Location Tracking, Mosaic Theory, and Machine Learning, New York University Journal of Law & Liberty Vol. 8 (2014).

Stuart Russell & Peter Norvig, Artificial Intelligence: A Modern Approach, Pearson, 4th ed (2020).

State v. Loomis, 881 N. W. 2d 749(Wis. 2016), (2017)cert, denied, Loomis v. Wisconsin, 137 S. Ct. 2290 (2017).

Sudipta Sen, Of Holy Rivers and Human Rights: Protecting the Ganges by Law (2019).

Terrence Fong · Illah Nourbakhsh · Kerstin Dautenhahn, A Survey of Socially Interactive Robots: Concepts, Design, and Applications, Technical Report CMU−RI−TR−02−29 (2002).

Terrence R. Fehner and F.G. Gosling, The Manhattan Project, U.S. Department of Energy (2012).

The AI Index 2018 Annual Report (2018).

The Papers of Thomas Jefferson. Vol. 1, Ed. Julian P. Boyd. Princeton: Princeton University Press (1950).

T. Kim and P. Hinds: "Who should I blame? Effects of autonomy and transparency on attributions in human−robot interaction," Proc.

of the 15th IEEE International Symposium on Robot and Human Interactive Communication (2006).

T. Matsumoto, S. Seko, R. Aoki, A. Miyata, T. Watanabe, and T. Yamada, Towards enhancing human experience by affective robots: Experiment and discussion, In 2015 24th IEEE International Symposium on Robot and Human Interactive Communication (RO−MAN) (2015).

Ugo Pagallo, The Laws of Robots: Crimes, Contracts, and Torts, Springer (2013).

UK Ministry of Defence, Joint Doctrine Publication 0−01.1 UK Terminology Supplementto NATO Term 2019, Edition A (2019).

US Department of Defense, Directive No. 3000. 09: Autonomy in Weapon Systems (2012).

VAJ Kurki, A Theory of Legal Personhood, Oxford University Press (2019).

Vernor Vinge, The Coming Technological Singularity: How to Survive in the Post−Human Era, the VISION−21 Symposium sponsored by NASA Lewis Research Center (1993).

Vincent C. Müller and Nick Bostrom, Future Progress in Artificial Intelligence: A Survey of Expert Opinion, in Vincent C. Müller (ed.), Fundamental Issues of Artificial Intelligence, Springer (2018).

"Weak AI" is Likely to Never Become "Strong AI", So What is its Greatest Value for us? B Liu−arXive−prints (2021).

Wongsaengchan, Chanakarn and McKeegan, Dorothy, The Views of the UK Public Towards Routine Neutering of Dogs and Cats. Animals, Vol. 9. Iss 4 (2019).

[기타]

日本 內閣府, 人間中心の AI 社會原則, 統合イノベーション戰略推進會議 決定 (2019).

日本　總務省，報告書　2016　AIネットワーク化の影響とリスクー智連社會
　　(WINS)の實現に向けた課題－，AIネットワーク化檢討會議 (2016).
日本　總務省，報告書　2016　AIネットワーク化の影響とリスクー智連社會
　　(WINS)の實現に向けた課題－，AIネットワーク化檢討會議 (2016).
日本　ロボット政策研究會，ロボットで拓くビジネスフロンティア，ロ
　　ボット政策研究會中間報告書 (2005).
野村總合研究所，ICTの進化が雇用と働き方に及ぼす影響に關する調査研究
　　報告書 (2016).
根津洸希，刑法－過失，答責分配，電子的人格，千葉大学法学論集，3・4号
　　(2017).
新保史生，ロボットAIと法をめぐる圏内の政策動向，人工知能學會誌 32卷
　　5号 (2017).
相馬正史・都筑譽史，道德的ジレンマ状況における意思決定研究の動向，立
　　敎大學心理學研究 55号 (2013).
安藤馨・大屋雄裕，法哲学と法哲学の対話，有斐閣 (2017).
樋口亮介，注意義務の内容確定基準－比例原則に基づく義務内容の確定，刑
　　事法ジャーナル39号 (2014).
佐伯仁志，刑法總論の考え方・樂しみ方，有斐閣 (2013).
山中敬一，刑法總論(第3版)，成文堂 (2015).
松宮孝明，刑事過失論の研究(補正版)，成文堂 (2004).
佐伯仁志，刑法総論の考え方・楽しみ方，有斐閣 (2013).
根津洸希，スザンネ・ベック「インテリジェント・エージェントと刑法－
　　過失，答責分配，電子的人格」Susanne Beck, Intelligente Agenten
　　und Strafrecht-Fahrlässigkeit Verantwortungsverteilung, elektronische
　　Personalität, 千葉大學法學論集 第31卷 第3・4号 (2017).
平野晋，ロボット法－AIとヒトの共生にむけて－，弘文堂 (2017).

[판례 등]

대법원 1957. 7. 5. 선고 4290형상148 판결.
대법원 1986. 9. 9. 선고 86감도156 판결.
대법원 1989. 1. 31 선고 88도831 판결.

대법원 2004. 6. 25. 선고 2004도2221 판결.
대법원 2005. 12. 8. 선고 2005도8105 판결.
대법원 2007. 7. 26. 선고 2007도3687 판결.
광주지방법원 2018. 5. 15. 선고 2017가단512394 손해배상.

찾아보기

[영문색인]

(A)

A Proposal for the Dartmouth Summer Research Project on Artificial Intelligence   16
AI   13
Algorithm   18, 59, 187
Alpha Go   24
American AI Initiative   182
Android   3
Artificial Intelligence for the American People   183
Artificial Super Intelligence   22
Autonomous and Intelligent Systems (A/IS)   28
Autonomous Weapon   32

(B)
Big Data   18

(C)
Centre for Artificial Inteligence and Robotics   186
Charter on Robotics   196
Code For Research Ethics Committee   194
Code of Ethical Conduct for Robotics Engineers   193
Connected Car   11
Correctional Offender Management Profiling Alternative Sanctions: COMPAS   159

(D)
Decision Support System   156
Declaration of Independence   81
Deep Learning   20
Digitalization   174
Doctrine of Double Effect   124

(E)
Emergence   31
Emulation   38
Enhancement   199
Erlaubtes Risiko   99
Evolutionary Robotics   9
Existential Risks   47
Exponential Function   45

(F)
Future of Artificial Intelligence Act of 2017   189

(G)
Google Brain Projcet   151
Guidelines on Regulating Robotics   198

(H)
H.R.6395-National Defense Authorization Act for Fiscal Year 2021   14
HORIZON 2020   191

저자소개

송기복(宋起福)

용인대학교 AI융합대학 경찰행정학과 졸업
용인대학교 일반대학원 경찰보안정보학과(사법보안학 석사)
용인대학교 일반대학원 경찰보안정보학과(경찰학·범죄학 박사)

현) 서울지방경찰청

AI로봇과 범죄

초판발행	2021년 10월 29일
지은이	송기복
펴낸이	안종만 · 안상준
편 집	우석진
기획/마케팅	손준호
표지디자인	이미연
제 작	고철민 · 조영환
펴낸곳	(주) **박영사**
	서울특별시 금천구 가산디지털2로 53, 210호(가산동, 한라시그마밸리)
	등록 1959. 3. 11. 제300-1959-1호(倫)
전 화	02)733-6771
f a x	02)736-4818
e-mail	pys@pybook.co.kr
homepage	www.pybook.co.kr
ISBN	979-11-303-4044-9 93360

정 가   15,000원